文學叢刊

辛鬱著

辛鬱四書

找鑰匙

文史哲出版社印行

國家圖書館出版品預行編目資料

找鑰匙 / 辛鬱著. -- 初版. -- 臺北市：文史哲，民 92
面； 公分. --（辛鬱四書）（文學叢刊；153）
ISBN 957-549-517-9 (平裝)

855　　92011652

文學叢刊 ⑮③

辛鬱四書 找鑰匙

著者：辛鬱
出版者：文史哲出版社
http://www.lapen.com.tw
登記證字號：行政院新聞局版臺業字五三三七號
發行人：彭正雄
發行所：文史哲出版社
印刷者：文史哲出版社
臺北市羅斯福路一段七十二巷四號
郵政劃撥帳號：一六一八〇一七五
電話886-2-23511028・傳真886-2-23965656

實價新臺幣二四〇元

中華民國九十二年(2003)七月初版

ISBN 957-549-517-9

寫在前頭

我生來不是一個寫作人，結果卻以寫詩、小說、雜文甚至廣播劇本、電視劇本過了大半輩子。

這要感謝我生長的環境，以及大環境中相知相交的眾多朋友，當然，對我親愛的家人更要感謝。

不論詩、小說、雜文，我的關心面一直是人、人群，與人群活動中被我看到的各種現象，以及我的能力所能追索出來的形成各種現象的原因。所以，我的作品都是些「小我」產物；但沒有「小我」，又那來「大我」呢？

四書中，「龍變」寫的是沙牧、我、楚戈、商禽等這群在藝文圈裡玩「現代」的朋友，在某一時段的狀況，有點模糊，那是因為那個時代本身也是游移、不確定的。

「鏡子」書中有很多人物，都在社會基層，他們的形象也是有點模糊的。

「找鑰匙」是我五十年寫作生涯一直堅持的原則，所以，集中所選的作品，寫得好壞不說，至少都是「言之有物」的。

「演出的我」更坦白的呈現心聲，這些作品選自我的四本詩集，要說明的是，在「辛鬱世紀詩選」選入的作品，此書都不選，所以，不見了「豹」，也不見「順興茶館所見」。另外，我從一九九六年迄今的詩作，將另編一本詩集找地方出版。

辛鬱　二〇〇三年六月於台北市

找鑰匙 目 錄

■

找鑰匙

一直我都在找，這一把鑰匙；用來開啓心靈之門。

找得得辛苦，在五十年的歷程中，忽喜忽悲、忽怒忽怨、忽靜忽狂；生命在每一時段都被烙下了搏戰、掙扎的痕跡，卻至今還不能停止。

是的，文學之路漫長無際，走在這條路上，不要想休息片刻，因爲，腳步一停下來，那路更長了，走起來更吃力。

對人來說，文學有它的多重性格，給人不同的感受；想把文學限制在一種模式裡，實際上已把文學殺死——能把夢殺死嗎？文學接近夢，本質上不可設限。

有人取文學作品所傳達的「美」的訊息，有人取「眞」的訊息，有人取「善」的訊息；如果一部作品三者皆可取得，它必定是曠世鉅構；至今還不多見。我期望當今作家，從這方面盡力，不要花太多功夫，在社會現象及社會活動上。

找人性之鑰，啓心靈之門，文學作品當然要經由創作的過程，來顯現意義。然而，在我們這兒，作家似乎太多了，所以，有許多未經「創作」的東西，不僅佔據了市場，還在支配著讀者對於文學的欣賞態度。

我覺得有太多的所謂文學作品只是水上的浮萍，有著生命的樣式，卻無生命的質感。他們似乎太容易找到鑰匙，結果門一打開，雖然家具擺滿一室，卻因爲缺乏人性氣息，而顯得空洞、死寂。

五十年了，我仍在努力尋找那把鑰匙，辛苦勞累，卻一點也不後悔。

小兵十七歲

四十多年來，在這塊土地上生活，誰說我不是台灣人？但是，我是一個出生在浙江杭州的外省籍台灣人，這也是不可否認的事實。

經由舟山群島，我來到台灣，第一步踏上的是高雄碼頭的水泥地。那時候我是一名十七歲的上等兵，在一個陸軍野戰單位當傳令兵，年輕好動，對剛到的新地方，充滿了好奇。但是，軍隊講紀律，你不能隨便亂跑，不能心裡想怎樣就怎樣。我下了船，還來不及看清楚高雄港的模樣，就跟著伙伴們上了火車廂，運貨的火車廂，密封式的，只有兩個透氣的小窗，所以，開動之後，沿途是什麼樣子，我也沒有看到。火車開了大約六、七個小時，到了目的地—彰化縣溪州，下了車，開步走到溪州糖廠，我們第三連被分配在一座大倉庫左邊，右邊是第一連，中間拉上布幕作爲區隔。安頓完畢，全連到倉庫外的一塊空地，蹲下來吃第一頓台灣米飯，大概是太餓的緣故，狼吞虎嚥，根本不辨滋味，甚至不知道吃的是什麼菜；這是我到台灣第一天，如今記憶猶新。

第二天，在一個更大的空地全營集合，營長訓話，要求大家嚴守軍紀，不准外出；

但公務與採買例外。隊伍帶開後，連長們到營部接受分配任務，我連的任務是擔任臨時營區西側的警衛。這個任務給了我們幾個調皮搗蛋的小兵很多方便，我們串通起來，爲自己這一夥大開方便之門。我是這一夥第二批溜出去的小組成員之一，很不幸的，卻成爲最早被軍風紀糾察隊抓回來的一個。

要說這一段，得怪我太貪吃。我溜出營區之後，穿過一片甘蔗林（當時對這種製出糖來的美妙植物我毫無認識），到了一個只有六戶人家的小村子，本想找一家小店買點零食解解饞，那知小村子根本沒有小店，正不知如何是好，忽然從一戶人家走出一個跟我一般年紀的年輕人，我嚇了一跳，他也嚇了一跳。等到弄清楚我從來沒有在這麼一個小村子出現過的阿兵哥，想買點東西吃吃，這位年輕人自告奮勇，願意帶我到溪州街上。我們走著說著，他告訴我姓林，是一個商校學生，學校在彰化市內，他每天坐火車上學，而今天是星期六，下午不必上課。我說我是浙江人，從舟山群島轉進（那時候不叫撤退）到台灣，他似乎不知道舟山群島是個什麼地方，怎麼會一下子來了這麼多阿兵哥？就這麼我們交了朋友，他給了地址，還說：你是我第一個從大陸來的朋友。他很機伶的帶我穿小巷走弄堂，把我帶到溪州街上的一家小吃店，他說：彰化肉圓是這裡的特產，並且幫我叫了一份。我張口一咬，好滑好香也很好吃，正打算再叫一份，軍風紀糾察隊來了，領隊很兇，嚇著了「我的朋友」，但卻沒有嚇跑我們的友誼。

林金泉成爲我到台灣以後第一個結交的本省朋友，就是這麼偶然促成的。他是個熱心助人的人，我們相交將近十七年，不幸的是，他在事業有成的壯年，在一次車禍中死亡。如今回想起來，最叫我不能忘懷的，是我第二度在金門服務，時逢八二三砲戰前後，那時他正在創業，非常忙碌，卻每天給我寫一張明信片，給我許多鼓勵，並且說：下次返台，就申請退伍，幫他開創事業，他還準備把漂亮的小妹介紹給我。那封信上說：我家老宅也該改建了，到時候多蓋兩間，給我妹妹和妹婿住……

在與林金泉交往的同時，我另外結交了多位本省朋友，其中之一是古貝（本名林正雄，彰化秀水人）。古貝寫詩，文文靜靜的高個子，第一次見面，在金門（那是我第二度金門服勤）我的營地，他是專程來拜望我這個出道較早的詩人。他不知從那裡得知我好吃，尤其是甜食，來時竟帶了一盒巧克力糖。我們的話題就從糖開始，他說：文學中很少描述糖果的作品，你能不能寫一首詩讚美巧克力？這突兀的問題難倒了我，心想：這小伙子來意不善，刁鑽得緊！其實，古貝是個心地善良的詩人，他曾經義助「創世紀詩刊」的印刷費。我從古貝身上，嗅到了純樸的泥土氣息，這對我從事詩與小說的文學創作，產生了微妙的影響，使我逐漸拋開不著邊際的虛幻想像，投入泥土與人的眞實寫照；如今古貝久未寫詩，我們也多年失去聯絡，我懷念他的純樸。

我的第二位本省朋友，是一位跟我同年的小學教師。在林口，茶田是我常去發洩情緒的地方；三十年前，林口尚未大規模開發，軍營特多，我服務的單位設在林口到苦苓林之間，斜對面不遠處，是省屬的茶葉試驗所，一畦畦碧綠的茶田，常吸引我去作片刻停駐。那一年我病於肺癆，微量咯血，單位要送我到東勢一所軍醫院治療，我抗命不從，理由是去了東勢準死無疑。由於我對單位有過小小貢獻，也還有些運用價值，部隊長特准我在營外租屋療養，我每天到醫務室報到一次，按時服藥打針。小屋就在茶葉試驗所旁邊，一片片茶田就成了我的花園。認識小學老師邱介宏，就在茶田的一角，那兒有一個小水塘，邱介宏常在一大早到水塘釣魚，大約釣一個小時，不管有魚沒魚，就收拾釣具匆匆走離。我覺得奇怪，有一天禁不住發問，他回答說：我志不在魚，而在訓練我的耐力。接著他告訴我，他是個小學教員，教六年級國文兼任導師，鄉村小學最難教的就是六年級生，他怕自己沒有耐性，所以才下這番苦心。從那次談話後，我們交上朋友，他個子矮壯，大溪人，師專畢業就分發到此地，沒有結婚。那時我極怕把肺癆傳染給他，他卻毫不在意，每天假日，就硬拉著我到大溪，去吃他媽媽燉的童子雞，燒的肉圓白菜心，幾個月下來，我體重增加不少。次年我病癒調到台北工作，他也調回大溪榮升訓導主任，並且很快娶到了賢慧的夫人。我們至今保持著友誼，他在去年從校長任上退休，並且一退休就去了一趟大陸，行程與路線是我建議的，他回來打電話對我說：辛老，你說得沒錯，奉化妙高台一帶的景色，眞的跟大溪一模一樣，西湖也美，我的女兒還留在杭州看投資環境。我問他吃了杭州的東坡肉沒有，他笑聲震耳，一面抱怨說：要不是身體太胖，血壓高，我眞想多吃幾塊。邱介宏樂天知命，我最不能忘的，是他常掛在嘴邊的一句話：「天南地北，攏是自家人。」

我交的本省朋友當然不止上述三位，我也幾乎跑遍了台灣各地，四十多年來，對這塊一直在變遷中的土地，我深深愛著；基於這份愛，我多多少少對這塊土地作過一些小小的貢獻。更基於這份共生而普遍的愛，我對這塊土地上的任何人，都不會以冷眼或怒目相待。

插曲

一

我不是一個經得起沉重打擊的男子。

從戰地回來，我對大後方的一切感到異常陌生，一份沉重的壓力在迫使我臣服於一個多彩多姿的世界，然而我是不喜歡太多色彩點綴於生活的員幅上的。

那時候我在嘉義市郊的一個營地落腳。嘉義，這座靠近北回歸線的小城，它最初給予我的印象並不好，嗣後由於職務上的關係，我幾乎每天都在市區逗留，這才使我改變對它的惡劣印象，而當我遠離時竟對它產生一份依戀。

如果此刻有人問我嘉義有那些地方可以消磨一個假日，我不會介紹他去遊三鳳廟或關子嶺，我願用手一指，指向市區一角一家名叫「六春」的茶館，然後說：「去那兒泡杯烏龍。」

六春茶館的設備談不上精緻考究，但是那份幽靜的情調卻令人久坐而不興歸思。我第一次作它的座上客，身邊坐著爲要盡地主之誼的詩人朋友，我們談笑著文壇和詩人朋友們的一些趣事逸史，不知不覺中整個下午的時間就溜走了。

我與六春茶館的不解之緣，說起來頗有一些傳奇的成份。我曾說過，六春茶館的設備並不精緻考究，單以這方面而言，它不能在我的記憶中立足。而我所以懷戀追思的，是它曾居中作爲媒介，使我第一次看到了她。

這是一個陰雨天氣，我第三次作爲六春茶館的座上客。是午後時分，作爲老大哥的詩人朋友在辦公室忙著，他囑我等待，我尊重他的囑咐泡上一壺烏龍，悠閒自得的吮飲，一邊吸著煙，幻想些不著邊際的事情。時光在這種情形下流失，漸漸地我感到不耐，於是我變換一個坐姿，想把身子斜靠在椅子上，誰知道這張椅子已年久失修，我的身子還沒有完全倒向椅背，只聽見吱的一聲，椅腳折斷了，我也隨著倒下。這時候在我身後傳來一聲暗笑，我回頭一看，本來惱怒的神色立即被抑止下來，我自己也說不出爲何有這種轉變，只怔怔地看著那發笑的人，而這，就是我與她第一次見面。

二

我與她第二次以及連續的數次見面，不是在六春茶館，而是在小城公園附近的一所私立幼稚院內。

我是很自卑的，怯懦的，朋友說我是「言語的巨人，行動的侏儒」，眞是一點也不過份。站在這種起點上，我能與她認識，我得感謝的是這所幼稚院的幾位小朋友。

我第一次走進這所幼稚院是在三月初的一個上午，那天我到縣立圖書館去借書，走到中途忽然傳來一陣陣清脆悅耳的歌聲，我佇立傾聽，整個身心全投入那一片輕揚的歌聲中。我有些迷醉，有些感傷，因爲我對那歌聲是多麼熟悉，然而它距離我已經很遠；我的年齡使我唱一些流於現實的調子，而我的職業與身份則教會我哼些帶血腥味的歌；我是久久地失落了手舞足蹈摹擬蝶兒飛翔的那些歲月，那些在我最清醒的時刻也無從尋覓的歲月。

我站在這所幼稚院門口獨目感傷，直到一陣清脆的鈴聲響起，一群天眞可愛的孩子從課室的門內蜂湧而出，用他們跳躍的步子向院門走近，我下意識的感到一陣妒羡，低著頭，默默的走開。

「張叔叔張叔叔……」我剛跨下台階，突然一個小女孩跑來拉住我的手。

「啊，你不是——」等她發現我是一個陌生人時，她放下我的手，表情上有點失望的走了開去。我的心在這時受到極大的波動，我跟著這個穿海軍裝的小女孩，用低柔的聲音說：

「小朋友，妳叫什麼名字，我講故事給妳聽好嗎？」

「我不要，我不認識你。」小女孩睜著一雙大眼睛，我眞希望自己也有這樣的一雙眼睛，圓圓的，不摻雜任何塵垢的，轉動著像兩盞明亮的燈，兩顆晶瑩的星。

「我的故事很好聽，跟妳張叔叔講的一樣。」

「講得一樣有什麼好聽嘛！」

這句話把我弄呆了，怔怔地站著，我不知怎樣向這女孩委婉的表白內心想說的話。就在這難堪的情形下，忽然由我身後傳來一聲清脆的叫喚。

「黃婉秋。」我回頭一看，看見了她——那位曾在六春茶館用一聲暗笑使我僵然的女郎，我心中激起些微奇異的漣漪，竟愚蠢地向她點頭一笑。

「朱阿姨。」我不知她對我的傻笑有什麼反應，一時間只看見那位名喚黃婉秋的小女孩，像一隻小鳥撲飛過去，把一隻手放在女郎的手心裏，她們拉著手走下一個斜坡。望著漸漸遠去的她們的背影，我體驗著一種酸性的空虛。

三

「育英」幼稚院終於成爲我逃避成年人身心負荷的一個深淵，我讓整個生命迷失在那裏。

我這種心情，就在這麼一個孤立無援的成人世界一直保持著，珍藏著，而到我不自知的走進一片陌生的天地，在這片天地裏，我終於在一個人面前，意欲把自身的一切向那人供奉，這感情，我知道它的來源，那是從她的身上散發而來的。

我不能告訴自己這究竟爲著什麼，是她披肩的長髮，是她輕盈的步態，抑或是她纖巧的身影，烏黑的眸子吸引著我呢？還是她給予孩子們的微笑和柔愛使我迷醉？我眞想變成一個孩子，接受她笑臉的撫慰，然而當我意識到自己已經成年，已經不再有童眞的心靈之際，我的悲哀是十分深沉的。

而她，在那些日子裏是否感於我的存在，她那充滿溫情的眸子裏有沒有我呢？她知道我凝望的意義嗎？我失神的眼看不清她的神態中有沒有我的存在，我把一切深閉在心底，然而，在寫給朋友的信上，卻說：

「我在戀愛。」那是因爲我不願朋友繼續訕笑，說我依然空白著生命中重要的一頁。日子在這種情形下流走，氣溫的上昇告訴我四月的來臨。我依然進出「育英」幼稚院，依然爲孩子們編故事，也依然在面對她的時候，卑下而失神的笑。

這一天我又去了，孩子們在上課，我佇立在鞦韆架旁，覺得很孤單。這時，我看見她從辦公室走出，緩緩地走近，我當時想，她一定不是找我，然而出於我想像的，她竟在我的身前站定，而且含著笑說：

「你能幫忙嗎？」

我點點頭，想說什麼，卻無從說起。

「要下課了，我們校役出去買東西還沒回來，請你代搖一下下課鈴好嗎？」

我再次點頭，心想，只要是妳要我做的，我爲什麼不願做呢？於是，我從她手上接過一具銅鈴，非常不習慣然而卻是出於自願的搖響了它。我沿著走廊邊走邊搖響銅鈴，一些孩子們看見了我，她們驚異的目光使我十分侷促，以至我的手不由自主的垂落，這時候，她從後面走來，接過銅鈴，她說：

「謝謝你。」

我沒說什麼，也沒注意她怎樣從我身前走開，直到一個圓臉的小女孩，對我用一種奇異的眼光看望良久，卻說：「你喜歡朱阿姨嗎？」

我的心一陣顫動，甦醒過來，卻不知應該怎樣回答那女孩稚眞的一問，在回營路上，我的腦海中一直盤迴著她的身影笑容，以及那女孩稚眞的聲音，然而，它們都遙遙懸起，我踮起腳尖探尋，當我終於自覺地垂下頭來，不禁憤怒的咒罵自己：

「你別在做夢，你也配？」

四

一星期後，我從台北出差回嘉義，第一件事就是跑到「育英」幼稚院去看我的小朋友，剛進門，就看見她。

「咦，你怎麼好幾天沒來啦？」她注視著我，那份期待答案的神情是眞切的。我很窘迫，期期艾艾的回答說：

「去台北出差，今天剛回來。」

「台北？」她遲頓了一息，突然問道：「你對那城市的印象如何？」

我再次感到窘迫，仰臉看一眼嬝嬝的浮雲，終於擺出一個勇者的姿態說：

「我對台北很陌生，不過，從外觀上，我對那城市沒有什麼好感。」

「爲什麼呢？」

「太凌亂太繁華了，」我十分牽強的編造一個理由，沒等我說完，她搶先說：

「我與你有同感。」

我不再說什麼了，這時候下課的鈴聲響起，孩子們看見我，向我擁來，他們的快樂立即感染了我，她笑著，在轉身離去時，輕聲的說：

「有空到我家去玩吧，我住在民生路××號。」

我有點受寵若驚，十分不自然的說：

「我會去的，我常常是一個不速之客。」

從這天後，我眞的成爲她家的座上客。記得我一次去她家，那份卑怯的神情，就像一個公司的屬下去謁見他的老板。當時我沒帶什麼禮物，手中握著一份新出版的雜誌，我膽怯的敲著門。

「誰？」聽見她的聲音，我心上的寒意怯情更濃了。

「是我，朱小姐，我是××。」我分辨出我的聲音顫抖著。

「喔，是×先生，」她打開門，微感驚異的注視我：「請進來，進來。」

我跟隨她，剛跨進門，她的聲音就飄起了：

「眞抱歉，屋裏亂七八糟，請隨便坐吧。」

「謝謝。」我笨拙的在一張沙發上坐下，不知道應該說什麼。

「請用茶。」約摸過了兩分鐘，她輕盈的端著一杯茶走到我面前。

「謝謝。」我再次笨拙的說。

「×先生在台灣有沒有親人？」她在我對面坐下，說話時的姿態是美妙的，然而也是令人猝不及防的。

「沒有，」我把目光從她那個方向收回，囁嚅的說：「我是個流浪者。」

「×先生是不是作家？」沉點了片刻，她終於先我而開口了。

「妳怎麼知道？」我暗暗吃驚，問得很蠢。

「從直覺上判定的，」她說，揚起的睫眉像一束小花：「是嗎？」

我點點頭，覺得情緒正趨鎮靜，於是，我開始像往常與友人們在一起時那般健談了。

「老實說，我是個最差勁的作家，」我說：「我沒受過什麼教育，我的知識是隨地拾來的。」

「這是你的說法。」她似乎不同意我的話：「我從你對小朋友所講的故事裏，看出你是很有修養，很有學問的人，你何必過份自謙呢？」

「不是自謙，」爲了緩和心情，我吮飲一口熱茶，又說：「我眞的很低能，我編的故事都是陳舊的，不過我總希望我的故事能給孩子們帶來快活。」

「你已經做到了。」她說著，站起身來，這時候我潛在的卑怯之情又復活了，我感到此刻彷彿在一座永恒的女神之前，承受著某種人生必須經歷的審判。

她似乎覺察了這一點，因此，不待我說什麼，就改換話題說：

「你帶來的是什麼書？」

「一册雜誌，」我把書遞給她：「新出版的。」

「文學雜誌，」她接過書後，翻了起來，突然，她停止翻書，聲音驚異的說：

「××，你就是××？」

我被她的驚異之狀弄得很惶恐，但我不能不點頭。

「哦，我多麼喜歡你的詩哦！」她像孩子似的跳起來：「過去在商工日報的『南北笛』詩刊上，我常常看到你的詩，『展示』、『向望』、『山圖』……還有『蝴蝶啊，蝴蝶』，那些小詩寫得眞動人。」

我更惶恐了，我不知道一個人接受別人的讚美應該採什麼態度，我已深深的陷入不安中。

而她，我心中愛慕的女神，她那時眞像一隻忘憂的鳥，她滔滔不絕地背誦我的詩句，我聽著那流水般波動的聲音，整個臉都漲紅著，我眞想尋覓一個藏身的處所，讓心靈沉溺在永恒的靜默中。

「咦，怎麼不說話呢？」終於她不再背誦我的詩了，但她的問話只使我更感窘迫。

「實在不知道該怎麼說好，」我說：「我的詩不值得被人記憶。」

「不！」她肯定而溫柔的說：「我喜歡你的詩。」

「謝謝妳，妳的讚譽使我更感到自身的低能。」

「這又是你的自謙。」她走近我，一陣幽微的膚香沁入我的鼻腔，我有些微醺：「一個人不應該那樣貶低自身的價值。」

「我看不出有什麼價值可言。」我幾乎強辯著，聲音中有悲哀的成份：「拿寫詩來說，我只把當作生命的宣洩而已。」

「你錯了，我不贊成你對自身所取的態度，我認爲你年青，應該把握你的生命。」

「妳的觀點也許很對，可是我盲目於掌握自己，我難以認定自身有多少價值，所以我的態度是無可奈何的等待。」

「那你澈底錯了。」她轉動腳步，走著的姿態是頗可入畫的：「我希望你能接受我的意見，試試看，把自身把握住。」

她說完，伸出一隻手來，我遲疑著，但畢竟感於她的眞摯，我伸手握住了她的手。

「我會試試把自己掌握。」我說。

五

這之後，我常成爲她家的不速之客，我們交談的問題也開始擴展起來，往往在一二個小時中，我們會從宗教談到人性，然後又話題一轉，談起歷史掌故來了。

有一次，當我們正爲一部電影辯論的時候，她忽然改變口吻，認眞的說：

「××，你戀愛過沒有？」

「我？」臉上像突然被蒙上一塊紅布，我困難的說：「戀愛？我……沒有。」

「眞的？」她像審判者似的嚴肅。

「……」我苦笑了，躲開她逼視的目光。

「那就難怪你了……」我沒聽清楚她以後的話，沉默片刻，她的聲音又提起了：「你是一君子。」

我摸不清這是揶揄還是稱許，只呆呆地坐著，看天花板上的水跡在眼膜內不斷地幻變。我想到戀愛。

戀愛！這是我陌生的場面，我漠然於那裏的景色，更惶惑於自己有沒有勇氣，敢於走近那場面？我深切瞭解自身，我自卑甚深，又缺乏那份勇氣。雖然，我盼望被愛，同時也用眞誠愛人，然而一旦當我沉溺於自我損棄的那一時刻，我便會整個失去自我。今天，她所說的話是暗示什麼呢？難道她願給予我一次戀愛，讓我貧乏的生命豐盈起來？她眞是個大膽的女孩，她愛我嗎？我有那些地方值得爲她所愛呢？而我，我愛她嗎？有人說每當一個女孩出現在你的面前，你就會怦然心動，那是表示愛心的躍動，那麼，我是愛著她的，因爲我每次見她，我的心就會劇烈跳動。

但我具備了什麼條件去愛她呢？我的生命是如此微渺，而且有種種限制迫使我貶低自身，這些障礙使我怯於向她表露我心中的眞情。

我這樣想著，在一段長時間的沉默之後，向她告辭了。在路上，我想面對皎潔的月光申訴一切。次日，我沒有去她家，我曾自問，我將怎樣向她表達呢？用書信表達我的言詞不能表達和難於表達的愛慕之情呢？抑或將慕情長埋心底，讓她來覺察。我困擾著，以至有很長一段時日，把自己關閉。直到有一天，我意外的接到她的信，我終於從一場幻夢中清醒過來。

是的，我爲什麼不能把這些看作人生的一個插曲呢？就像她信上說的：

「……我結識你，只想藉此告訴你，你已成人，你不應該再在孩子們的身上找這世界的美與眞實，你要回到成人世界去，在那裏找到你生命的依靠，並且，貢獻你自己……你爲什麼不能透過自己，使成人世界的醜陋美化起來？

至於，我們之間的一切，把它當作一段插曲吧。」

我能嗎？我能否透過自身，使成人世界的醜陋美化起來？當我審視自身，看一眼五光十色的成人世界，我止不住喊著：

「讓我回到孩子們的身邊去，因爲我的手及心很冷。」

我不說人生若夢

我不說：人生若夢。

歲月的細流，日復一日，匯入歷史的長河，如鏡的河面，供衆生鑑照。三十年歲月，對一個人來說，不能說短，然對歷史而言，便只是滾滾長河中的一脈水流。雖然如此，我深感自身所經歷的三十年，較之歷史長河中任何一脈水流，對後世衆生，具有更大的鑑照作用。

慚愧的是，這三十年中，幾乎有一半時間，我都是在不甚清醒的狀態中活著。當然，我的不甚清醒，並非外力使然，而是我學淺識短。

我在小學四年級的作文中曾立下志願：要做一個造福人群的科學家。但到了五、六年級，貪玩成習，各門功課除了國文與公民還跟得上同學，其他各門都停在六十分左右，做科學家的志願，就此不再在心際腦海出現。初中階段更是不堪，僅有國文一門保持水準，英數生化樣樣不及格；我發覺自己不是讀書的料子，加上家庭變故，就出來從軍，那時我十六歲。

部隊在華北平原與敵人交戰，年紀小小的我，人不比槍高，在激烈的砲火下，除了心驚膽寒，那裏會去想這戰爭的意義何在。戰役結束後，心中猶有餘悸，聽著一夥弟兄湊在一塊胡吹瞎蓋，我也壯著膽說了幾句大話：「如果我是科學家，我要發明一種武器，把敵人一掃而光！」弟兄們冷嘲與熱諷兼而有之，我卻不加理會，近乎狂妄的誇下海口：「你們等著瞧！」

這當然不是我小學四年級時要做科學家的志願的復甦。後來部隊從北方南移，再由舟山轉進台灣，一連串改編整訓，又參與兵工建設，移山築堤，在勞累的工作餘暇，躺在樹蔭下，我曾發奇想：假如有一種機器，能代替人力，我們就不必一鏟一鎬，工作豈不輕鬆許多？這念頭似乎與做個科學家的志願也能聯繫起來，但是我沒有繼續往下想，所以也就做不成科學家。

兵工建設任務完畢，部隊再次整編，我當上副班長，有了責任，便不發空想，只希望在軍人這條路上謀發展。那時我對社會的情況十分隔膜，只知道四周一片油綠，台灣是個農產豐富的好地方。出操上課打野外，假日大多在營地渡過，偶爾到附近小街蹓躂，看不出什麼好來。

日子的走馬燈，繞了一圈又一圈，突然，我覺得有點不對勁，回想以往種種，頓覺要打破格式化的生活，作一次改變。這是我的第一度清醒，然而，怎麼改變呢？我困惑著，直到有一天在一個偶然的機會裏，接觸到一本文藝刊物，我不僅發現讀書的快樂，也引發我學習寫作的衝動。當然，在那時的生活環境中，我所能讀到的書極爲有限，而且教育程度不夠，感悟力低弱，對很多文章僅衹一知半解，在這情形下，復加生活領域狹窄，對外界事物大多陌生，寫作更非易爲。於是，我的情緒難獲穩定，讀書與學習寫作，也陷於時續時斷。

我的第二度清醒，發生在「八二三砲戰」之後。那時我學習寫作已六年多，主要是寫新詩，也兼寫散文與小說。在投稿過程中，我拜識身爲詩人兼詩刊編輯的紀弦與覃子豪先生，他們對我的指導與啓發甚多，也由於刊物的媒介，結識多位詩友，如袁德星、商禽、鄭愁予、洛夫等人，他們給我多方面的鼓勵，使我在寫作的道路上，得到扶持的力量。但是，我那時的觀念閉塞，對社會與現實的體認還很淺薄，所以我不成熟的作品所反映的大部份是個人情緒的訴願，難以透過對社會與事物的觀照，作有力的反映。在如何使自己的作品能有更廣面的反映的困頓中，「八二三砲戰」的幾十萬敵人射來的砲彈轟醒了我，當我於次年返台後，我把寫作的方向稍爲作了調整。在返台一週後的日記中，我如此寫道：「……文學作品，不僅在舒解作者自己的心中鬱結，更要給讀者帶來快樂或痛苦的感受……」這幾句話來後來成爲我寫作的原則。

以後的幾年中，我一方面在軍中擔任一項極有意義的文職工作——撰寫對大陸廣播的文稿，一方面在文學寫作上，遵循自己的原則，慢慢向前摸索。我總覺得讀書太少、學力不足，曾想報考大學夜間部，卻因拿不出高中學歷證件而作罷。不過，我的讀書機會多了起來，在台北，不僅可以跑中央圖書館，還可以向師友們借閱藏書。這個階段我也趁機接觸社會，雖然台北一市並不能代表整個社會，我卻發現它的變遷快速，不僅表示政治的安定，也表示經濟力量的日趨壯大。

在這階段的末期，一位留學美國的文友來函，問我願不願意幫忙一群留學生與學人，爲了表達愛國愛鄉的心意，在國內辦一份科學性質的刊物？我考慮自己的能力，回信說：願意。不過，我是完完全全科學門外漢，不敢挑大樑，如允我做幫手，當盡全力。朋友又來函，選我爲科學性刊物在國內的初期籌備人之一。這是「科學月刊」緣起的一小部份；對我來說，這件事對我以後的人生目標的追求，影響甚大。

坦白說，我連科學兩字的意義都不甚了了，那有資格辦科學性刊物？好在籌備人中大多是學有專修的學者專家，他們要我做刊物的行政工作，才稍減我心中不安。至於對辦這樣一份刊物的社會意義，以及辦起來後它對社會的貢獻，我倒是想了又想。我覺得，在當時工業漸次起步，國家建設的目標指向力求經濟發展的情形下，科學的扎根工作是十分重要的一環，如果有一份刊物來倡導基礎科學教育的重要性，多方面介紹科學知識，並且強調科學的辦事精神，對國家建設一定有助。另一方面，這份刊物也反映了留學生們愛國愛鄉的心聲，顯示他們要以實際行動報效國家，使一般人改變留學生「一去不回」的印象，也直接顯示國家的向心力，這意義應屬不凡。

當然我的體認並不能涵蓋一切，在我參與科學月刊的籌備工作期間，我也不曾向任何人透露這番體認。我只默默工作，盡我的責任。

不久，我奉命退伍，二十一年軍人生活於焉結束，面對新的生活，不免惶恐。好在「科學月刊」的籌備工作塡充我心中空茫，雖然，這工作並不能解除我生活所面臨的問題。我租了一間小屋，「科學月刊」的籌備重心也轉進這間小屋，所有參與籌備工作的人，不論學者、教授或同學，都成爲「志同道合」的朋友，在各自分派到的工作上，貢獻力量與智慧。可貴的是，教授中有的台灣大學，有的在清華大學，打破校際隔閡，彼此坦誠相待，合作無間。

將近一年的籌備，「科學月刊」終於在五十九年元旦創刊。對於這份刊物的內容，我不夠資格說話但從創刊號的獲得讀者歡迎，作爲刊物推廣者的我，至少有資格說：它是一份好刊物。

我相信讀過「科學月刊」的人，都會說：它是一份好刊物。如今這份刊物已經在幾度面臨停刊的財務困窘下穩定下來，十一年半的經營，它的影響不能作概念式的估計。其間我曾離開它，去從事另一份科學範疇內刊物的推廣與編輯工作，而在前年我與它再續前緣，回來復任行政工作。我覺得這十餘年中，個人的生命意義，如果有所顯現的話，這完全是兩份刊物——「科學月刊」（特重自然科學與應用科學知識的傳播），與「人與社會雜誌」（特重人文與社會科學知識的傳播）——所賜予的。

個人生命意義的顯現，促使我願意繼續盡心盡力，然而，這畢竟僅屬個人，對這十餘年來，整個時代所顯現的意義來說，實在微不足道。

這十餘年，如果再與前十餘年聯繫起來，我從無知到對一些事物漸有所知，而投入生命意義的追求之中，我的三十年，是充實的。

就時代來說，這三十年的變遷，誰能不說它為歷史添一新頁？從無到有，三十年中各方面所映現的景象，我們身歷其境，都有切身的感受體認。我們在三十年中哭過笑過消沉過悲壯過，強悍的在一切壓力下站了起來，這巨大的變遷無需誇張。

然而，我們滿足了嗎？能安於現狀嗎？我個人對此問題的答案是：我們還要追求更好的生活，不僅在物質上，更應在精神上。我們豈能安於現狀，這三十年成就，是要作為未來建設全中國的藍圖啊！

那麼，在各個工作崗位上，讓我們各盡心力。譬如我，雖然是個科學門外漢，卻可在推廣工作上奉獻；我做不成科學家，難道不能為推廣科學盡力？至於文學寫作，我不但不會中止，還要期許自己更眞誠的寫，去反映人生，反映事物，反映生命的意義。

從火辣的三十年走過來，我希望歲月的鞭子仍抽著，讓我的背脊挺直，再往前走！

我不說：人生若夢。

音符裂解

走出那所軍醫院的門，他把自己的全部交付給當空的烈日。八月天的日午，馬路上行人稀落，只有漆成紅色或黃色的計程車急速駛過，他盤算一回，褲袋裏的錢如果坐了計程車，就回不去林口了。走到北門去吧，慢慢走，儘量走到廊沿下。奇怪的是，他不是感到炙熱，而是冷，他的心被凍結，怕被烈日溶化。走著，後腳尖頂著前腳跟一步步往前挪動，陽光的偵察器查察著他的毛髮肌膚，透過草綠色軍便服，然後停留在每個毛孔上，他覺得自己開始溶化，有液汁自體內滲出，是水？不，是血！

那是我嗎？他不相信映現在一家商店櫥窗玻璃上的那張臉，竟是自己的臉，瘦削、蒼白，無神的雙眼，怎可能是曾經經歷戰爭，在冰天雪地以意志取暖，頑強的活過來的自己呢？

天哪，你究竟是誰？你不是夜空中被孩子們數著的星星，你不是芳香撲鼻的被少女們鍾愛的花朵，是一縷散飛的灰煙，一株被命運利斧砍得傷痕累累的樹，人形的樹，生命失去了綠意。

不要再看了，說什麼也不要再看了。他轉身向新公園走去，突然，一位白衣女子出現在身前，喘著氣遞過來一個牛皮紙封套，說：「你掉了東西。」

他吃一驚，定定神，擠出一絲乾澀的笑，接過封套。「謝謝。」看著護士小姐的背影消失，他左手緊捏著那個封套，繼續走向新公園。封套很輕，裏面裝著一張X光照片，照的是胸腔部分，他知道在那張照片上有一個猙獰的面像，利齒尖牙，咬嚙著他的生命。

肺結核，重型肺結核！重型，重型！一種雷擊的聲音敲打耳鼓，咚，咚咚，咚咚咚咚……他徒勞無功的掩耳，擋不住的聲音忽地從口腔噴出，重型肺結核，咚咚！重型肺結核，咚咚！

這等於是死型的宣判，當那位戴著深度近視眼鏡的上尉醫官告訴他，必須馬上回部隊，辦理住院手續，他像被電殛一般，整個身子軟癱下來，然後手腳抽緊，萎縮成一團。他醒轉時醫官已在爲別的門診病人診療，只淡淡的說：「回部隊去吧。」

回部隊的路似乎遙不可及。他現在只想到新公園去走一圈，沒有目的，只爲了那兒有樹蔭水塘，以前他經常獨自來到，走累了，在樹蔭下小坐片刻，輕輕哼些小時候跟著兄長學會的民謠小調，或吹吹口哨，要不就蹲在水塘旁，看混濁的水面上自己的臉，讓一份自憐之情統攝身心。他頗爲欣賞這種自以爲頗具詩意的情景，雖然有些兒悽然，但作爲一個拿槍桿的詩人，他對自己的要求也祇是這一絲絲自我的滿足。至於哼些來自民間的歌謠，那就不衹是喜歡而已，如果一定要找出原因，也許這其間有著親情的聯繫，也許他認爲自己是一個音符。他有一種怪異卻也出於自信的想法，一個小小音符，在一首樂曲中，一般人或以爲無足輕重，而在懂得音樂的人心目中，這音符便有了份量。

只是一個音符，而非整首樂曲，我的願望僅此而已。而現今呢？恐怕連只做一個音符的願望也將殞滅，他豈能無淚？重型肺結核，重型、重型……他急劇的咳嗽起來，捧腹、拍胸、搗嘴都不能止住，直到梗在喉頭的一口痰被咳出，不必看，他知道那痰裏帶著什麼。

回部隊去吧，回林口去。他告訴自己，無論如何，那兒是自己的「家」。家？他苦笑著，開始懷疑自己的認知能力，眼前的一切都在變形，馬路變成了暗巷，通向死亡的暗巷此刻正響起一片幽微的樂聲，他聽著，突然傾身向前倒在一支電桿旁，失聲叫出：

「死亡請別召喚我，死亡請別召喚我！」

很久以來，他就覺得活著是一種累贅，沉鬱、頹喪的把自己封閉起來。而部隊講求團體生活，他在工作上雖無差錯，但不合群的癖性難免會被另眼看待，於是，再度被派往金門。

這是第二度到金門，有一點被流放的感覺，有人爲他抱屈，但是他喜歡；他覺得自己雖是一枚棋子，卻被擺對了地方。他喜歡金門的原因，並非這座前哨堡壘離自己的故鄉較近，能在眺望中一解思鄉之情，而是這座小島的嚴肅氣氛，很適合他性格的孤僻與冷峻。因此，他有了在金門「終老」的念頭，在給至友老羅的信中，他說：「我不打算回臺灣了，除非從這兒打回大陸，我不會離開這座小島。」

老羅在回信中調侃的說：「很好，料羅灣沙灘上的白沙正適合一隻鴕鳥把頭埋進去。……」

其實你對鴕鳥的習性一無所知，除了埋首沙中，鴕鳥生命的耐力、強悍，並沒有注入你的血管中。想一想「八二三」吧，那日子才過去不到五年，你不是曾告訴我，在一連串挨砲彈的日子裏，你是多麼強悍的去接觸死亡去體認戰爭嗎？如果你還是砲戰時期的你，就該對要不要做一隻鴕鳥作多方面的思考。

這也是老羅信上的話。老羅同樣是扛槍桿的詩人，敏感、睿智，頗有幾分哲學家的風味，朋友中最令人心折。

鴕鳥！不，我的行徑不能用鴕鳥作類比。我不同意老羅的責難，然而，我是什麼呢？我的自閉又證實什麼呢？他困惑著。許多日子他用高粱酒麻醉自己，直到一個人影，突然闖進了他狹窄的感情領域。

那是工作單位新聘的雇員，擔任播音工作，身材嬌小、長髮披肩，常給人一種飄逸之感。她喜歡看電影，而在戰地，一個女孩子單身走進電影院，會引起怎樣的騷動，那是不難想像的。所以，單位主管說，看電影可以，條件是：得找人陪伴。他萬萬沒有想到，她竟然找上自己，一次不行，二次，二次不行，三次四次……同事們說他不識抬舉，不懂憐香惜玉，她似乎也有點因爲受到屈辱而氣憤，迫於無奈，他當起「護花使者」。

感情就在一趟趟來回電影院的途中滋生，無可避免的，他也受到幾個同事的冷眼相看與嘲諷，而且單位的規定寫著：不可搞男女關係。電影不能再看，而感情這門子事，一有了進展，就不易扼殺。結果是：她被調往喊話站，他則把自己更加封閉。

在這情形下，他眞希望再來一場砲戰，在落彈最密集的地方將自己的生命釋放。這個怪異的念頭導使他經常在深夜或凌晨往駐地左側的小高地跑，終於有一天他被發現昏倒在小高地上。不久之後他被調回林口，原先並不在意的輕咳竟引發爲一場病劫。

重型肺結核，重型，重型，重型！

「你太胡塗了，病到這種程度才來檢查！」醫官嚴厲的指責，護士小姐異樣的眼光，他一直不能擺脫。

「趕快回部隊辦住院手續！」醫官的命令在耳際迴旋。鴕鳥，只知埋首沙中的鴕鳥！老羅的責難同時轟響，他倚靠的電線桿旁，全身劇烈的抽動。陽光直射，周邊的一切在日午的靜止中，都像死去一般。只有我微弱的苟活，他黯然的想：這樣的生命有什麼價值呢？

他想到一個地方，多年前曾經在那兒躲過，有一汪碧水傍依一座小山，像極了童年的故居，那將是殘破生命最美的歸宿；他決定前往。

慢慢走向走車站。那裏知道在書店街的一家書店門口，出現了老羅的身影。彼此都吃一驚，老羅的第一句話是：

「你怎麼瘦成這個樣子？」

他把裝著X光照片的封套遞給老羅，老羅沒有抽出照片看，緊迫問道：「有多嚴重？」

他不作聲，敏感的老羅感到事態的嚴重，拉起他的手說：「走，到我那兒去。」

老羅在單位裏有一小房間，招呼他坐落後，用緩和的語氣說：「慢慢告訴我吧。」

他依然不作聲，老羅很有耐性的等待，突然，他哭出聲來，老羅有些不知所措，站起身低聲說：「發洩一下也好，我看你已經憋了很久，老弟，問題總得解決，你的肺是不是有問題？」

他點點頭，老羅追問：「多嚴重？」

「重型，第三期。」他微弱的說。

「啊。」老羅臉色有變，但立刻發覺不該如此，恢復了正常狀態，低聲說：「現在醫藥進步，老弟別怕。」

能不怕嗎？他消沉的想：病的是我呀！

「別怕，只要你有活下的念頭，肺病不是絕症，我相信你頂得過去。」老羅的語調堅定有力：「老弟，我還是那句老話，活著才有一切的可能」。

不錯，老羅曾多次說過這句話。他想，對目前的自己來說，這一切的可能未免太虛幻了；他已無力反駁。

老羅似乎預知他欲反駁，繼續說：「你也許認爲，我這句話對你毫無意義，因爲你自覺生命微弱，活著的可能是死。可是老弟，你是不是想過，這個時代難道會是一個不允許我們用生命全力爭取，而是要我們束手放棄的時代嗎？難道我們這些年接受過、容忍過、也努力去了解的一切現象，對我們毫無正面的象徵意義？」

聲音激昂起來，同時出現慣常的手勢，老羅說：「想想我們成長的不易，怎麼能不爲這時代留下一些可資後世鑑照的記錄？我們不是搞政治的料，軍隊裏也難發展，做學術爲時已晚，能做的，就是抓緊筆桿！老弟，把病治好，身體養壯一點，才有精神體力幹寫作這一行！」

老羅這一席話，燃起他內心對生的熱望。「對，我不相信這病會把我整死！」他堅決的說：「我不是鴕鳥！」

老羅走近他，拍了拍他的肩膀，溫和的說：

「你當然不是鴕鳥。」

他身心一振，有欲唱的衝動。

金門之虎及其他

拜識紀弦先生，早在「現代派」成立之前，是已故詩人沙牧帶我去的。大概是四十三年年初吧，紀弦先生正在享受他難得的假期，我們去啦！從桃園霄裏營房到臺北市，在當時交通還不十分便利的情形下，我們一大早出發，先步行到桃園內壢，再搭慢速度的火車，在臺北火車站略作停留，商量著要不要買些水果餅乾等禮物，然後以「寒囊羞澀」作罷，便步行到濟南路二段四巷紀府，這時候竟已是十一時差十分，臨近午餐時分了。

紀老見過沙牧，見我則是首遭，我那時穿著軍服，小不點的身材，所以顯不出絲毫軍人的氣慨，紀老一見，笑呵呵的說：歡迎歡迎，了不起的國軍將士。

那時候的紀公館，小得眞夠可憐（當然，紀老是樂在其中，安之若素的）。我與沙牧坐定，紀老就忙著去張羅茶水了，我們請他不必費心，他卻有些堅持，嚷嚷著：不不，遠來是貴客，白開水總得喝一杯。我趁紀老去張羅茶水的空檔，溜覽了房內的擺設，那是簡單得不能再簡單的客廳兼書房，約莫二坪面積，書桌、書架、坐椅之外，已經容不下別的家俱了，但尚有些空間，就是三面牆壁。紀老也是一位畫家，牆上自然少不了他的畫作，在記憶中，那幅抽著煙斗的自畫像，至今仍神采飛揚。

茶水端來了，我大半天沒喝水，早已渴極，便接過杯子一飲而盡，紀老看在眼裏，笑呵呵的說：怎麼樣，我家的水好喝吧，我再去給你倒一杯。我覺得的不好意思，漲紅臉說：不用不用，一杯就夠。沙牧很斯文，慢慢的嗓飲，一面說：真的，這水的確不同，帶一些甜味。紀老又笑了，然後坐下來，問我們打那兒來。

正在談著霄裏營房的地理位置，房外傳來清脆的叫喚聲，又有訪客，那是彭邦楨先生。彭先生一進門，揚起右手提著的瓶子，笑著問：這是什麼？紀老站起身趨近一看，加高了嗓音：好，今日有酒，沙牧辛鬱，你們留下來吃飯吧！忽然想起什麼，神色有些不自在的說：你看看，我還沒有把你們介紹介紹，就想起喝酒。然後他伸手一指彭邦楨先生，大聲說：這是老彭，彭邦楨。又指向我們：這是沙牧、辛鬱。

我記得那時紀府的飯廳在住家對面，那頓飯給我留下的深刻印象是，紀老飲酒的豪爽痛快，他一再舉杯一再喊乾杯。我是聞酒香就會臉紅的，雖有家傳的量，卻藉臉紅可辭酒，更何況在座還有沙牧與彭邦楨兩位。一席酒，我始終只喝最初的一杯，所以散席後，紀老指著我說：你能寫海呀海呀我來了，心胸應該廣闊，心胸廣闊就應該千杯不醉，怎麼一杯就臉紅到這個程度！說實在的，那時候我還很膽怯，在前輩、長官面前，怎敢放肆！

那天辭別紀老回霄裏，已經是黃昏，軍隊裏晚餐吃得早，我們只好到炊事房找鍋巴充饑。

四十四年初春，部隊調回台北市六張犁，那時沙牧在石門守海防，我獨自去拜訪紀老。這次我自以爲聰明，去時帶了一袋子水果（大概是橘子香蕉之類），進了紀府，雙手奉上禮物，卻挨了訓：你這是幹什麼，你有多少錢？下次不可以這樣！我恭謹聆訓，抬頭一毛，旁邊還站著有人，那是羅行（當時筆名江萍），我不禁臉紅了。羅行那時是紀老的學生，瘦瘦的（至今胖不起來），清秀脫俗一少年。紀老說：你們年齡相差不遠，可以交個朋友。

那時我非常不善言，場面顯得冷清，幸好方思先生來了，不久，李莎先生也來了，他們大概是爲「現代詩」開會或商議什麼，我趁機告辭。之後，我參加了「現代派」，與紀老見了幾次面，便奉調到金門去了。

四十七年八二三砲戰，我在服勤時受了一點小傷，寫信向紀老訴說，他回我一明信片，要我爲詩珍重，還說，一定要到前線來看我。我當時想，他能來嗎？

他果然來了。成爲全國文藝界前線勞軍團的一員，他與緻勃勃的到達金門，在金城招待所一落腳，就到處打聽，辛鬱在那裏？詩人辛鬱在那裏？他當然找不到我，因爲，金門有十幾萬軍人，誰知道辛某是什麼人？但是，我找到了他。我是吳永生跑來告訴我，才同他一塊兒在招待所找到紀老的。吳永生也是「現代派」一員，英俊挺拔，紀老曾說他應該去演電影。

我們有半天相處，在金門，最大的享受當然是暢飲高粱。我們請紀老喝酒，一盤豬頭肉，一碟滷花生，四十個鍋貼，吃得酒醉飯飽，然後到金城鎮獨一無二的一家照相館攝影留念。出了照相館，也許是太興奮，也許是過量，紀老竟指著一隻小貓說：你們看，一隻老虎！我們異口同聲說：那來老虎，是一隻小貓。紀老辯正說：不，不！明明是一隻老虎。我們說：是貓，小貓。紀老有些激動的說：兩位老弟，我說老虎就是老虎，你們想想，能挨這麼多砲彈，金門的貓不是虎是什麼？就像你們，是英雄，是眞正的男子漢！這邏輯雖然有詩的浪漫，但我們接受。我們加重語氣說：是老虎，金門之虎！

後來，酒氣散盡，紀老竟要我們爲他找一隻貓，不！金門之虎，帶回臺北。這事由吳永生辦妥，紀老回臺北後，視金門之虎爲寶，爲家中的一份子，還寫了散文與詩，在給我的一封短柬中，紀老如是豪情萬千的說：金門之虎一出，宵小鼠輩休矣！

我於八二三砲戰次年回臺，部隊在南部，這年夏天，到臺北訪友，我去紀府探望金門之虎。牠吃得太好，胖嘟嘟的，昔日的威風盡失，但紀老仍珍之寶之，抱在膝上逗弄，一面說：拿牠入詩，大概不行了。後來我又去金門，行前向紀老辭別，問他要不要再找隻金門之虎，他笑著說：我打算養狗。我當然沒有爲紀老找一隻金門狗——該叫金門之獅吧？但當五十一年春末調回臺北時，高粱酒是帶了幾瓶，我送了兩瓶給紀老，他爲我洗塵，在杭州南路口一家北方口味小館，喝著吃著，他淡淡透露了辦現代詩辦有些疲累的口風，言詞之間，希望有人幫忙。後來，子豪先生過世，紀老感傷之餘，想重振現代詩，卻因爲社會變遷等因素，欲振乏力了！

不久，他寫文章要取消現代詩，爲現代詩正名，我那時寫詩勁道足、衝力大，未能細細體味紀老文中眞意，一連以三篇短文質疑，弄得不太愉快。到了那個時候，當初強有力的「現代派」，也已趨於消散了。

紀老曾說，他一生最怕送別。但人生總須一別，紀老到美國依親定居，王牌兄在家裏擺宴餞別，我們一夥都去了，再三碰杯，連續祝福，氣氛不免陰沉，我記得那天紀老唱了「卿雲歌」，唱了「陽關三疊」，聲調蒼茫，令人黯然。我改了「送大哥」一曲的詞，唱著：我送我的詩翁去美國，去到美國闖天下，開創寫詩第二春喲，哎呀我的詩翁你永健康！

紀老今年八十高壽，我謹以此文祝賀。

武陵之歌

秋霜花落淚，梨山的霜雖已很濃，也加深了遊山人心頭的寒意，但是山上的花卻迎風招展，在暖暖的陽光下露著笑靨。

昨夜一宿未眠，若是在台北，準得眼圈發黑，暈淘淘的打不起精神。在山上卻不，雖然山上的空氣稀薄，走坡路不免氣喘，但精神好得出奇，一點也不受未嘗合眼安睡的影響。

或許這是太興奮的緣故。我們一夥人今天要到武陵去尋幽探勝，不說別的，單單武陵這個名字就夠誘人的。

我來過武陵，而且不衹一次。每次來，總梢回去一些依戀，一份說不出原因的惆悵，但願這一次不是如此。說來我已非年少，應無那種不明來由的愁緒，而人生匆匆，不免常在心靈隱現些自哀之情。

但面對武陵，思古或撫今，這自哀之情實在不該從心中生出：因爲我屢屢自省，此生畢竟不是武陵人。

畢竟不能安於一種靜化的人的位置，我發現自己此生，總將在奔波中湮沒於人潮；或許，我會留下些手紋步痕，或許什麼也不曾留下。

懷著這份心思在駛向武陵的車上，我對於同伴由於車窗外的美景所發出的喜悅呼叫，沒有受到絲毫的感染。不是麻木，因爲我決定撇開這一路的形形色色，直趨武陵；我要看到一個在我心目中全新的、不再引發我的惆悵、不再擾騷我作爲一個都市中人，還在盡著人責的生活的武陵。

據說今晨的氣溫是攝氏五度，從霜的濃度看，這是可信的。山上的冷不像平地的給人那種濕濕的難堪，很舒暢的那種冷，你不必攏手縮肩，假如你慢慢的跑幾十公尺，你會得到一份難得的快樂。

我在上車時曾這樣跑過。待坐入車座，還微喘著，一顆心彷彿減去了一些壓力；這情形跟在都市中跑幾步搶上公車汽車是完全相反的。

現在車子已轉入武陵，重山繞水，沿溪的果林夾雜著柳樹，這般天氣，柳絲竟還垂著綠，看起來意氣風發。再往前，農場的大門已在望，千祥橋安臥溪上，潺潺水聲恍似迎賓樂。

我殿後下車，握著農場一位主人暖暖的手，如同握住武陵的千臂萬掌，「我又來了！」我無聲的說。

水聲把我招引了過去，清澈如鏡，不，我想到了「明鏡本無台」，然而我卻帶來了一身塵垢。我便不再看水中波動的自己，慢慢的跑步而去。

那兒有亭靜立，亭內卻人聲嘈雜，但也怪不得他們，因爲這兒實在太美啦！你看那石壁，那無以言述的冷穆，你看那藤蔓，那歷盡風霜的強悍，還有花樹與鳴禽，流水與光影，都足以入詩入畫，令人持杯吟賞終日的。

然後是那萬壽橋，兩溪合流，自然的樂章更悅耳了。而這還僅爲一個開端，武陵的第一樂章。過了橋，爲了搶先向更美的景色報到，我開始快跑，同伴中有人跟進，我聽見他說：

「你幹嗎？蘋果都已摘完，跑什麼跑？」

我豈是爲蘋果來的，我心想。

那麼我爲什麼？我自問。

我想起了來時車上的自省。該打！我責備自己：怎可只爲了來看一山的風景？

停住腳步，大喘口氣，我對那位同伴說：

種果人身在此山中，他們是可敬可愛的一群，我昔日的伙伴。多少年的辛勤，他們植出這裡的一片甜沁，你莫問蘋果一斤值幾許，且看那圓潤晶亮。更何況，在多少年歲月中，他們的那份耐心與愛心。

七月桃，八月梨，九月蘋果，還有翠嫩欲滴的蔬菜，武陵不僅有勝景，更有著筐筐鮮果蘿蘿蔬菜，而這都是那條路的開闢所帶來的，我們能不感激那些築路人？

你聽說沒有，當年這兒是棘莽一片，雖有野花送香，卻無人一聞。

改變是由於一種永恒價值的尋求，人定勝天這一意義的肯定。於是築路的英雄們宵衣旰食，宿風餐雨，顧不得同伴怎樣的流血，怎樣的殉身，這路是非通不可！終於路的臂一條條伸出，拉近了台中花蓮的距離，拉近了宜蘭，拉近了桃園，血脈貫通，山的生命更爲茁莊了！

然後是車輛啣接，運上尋幽探險的人們，運下水果、蔬菜與木材，以及無盡的甜沁。上山的人們滌心洗目，袪盡汗腥與塵垢，在歸程中設想著下一次該從那條路入山。山上的人們想著如何把住屋改建，既要寬敞又要美觀，再想著如何送孩子下山讀書，想著如何爲妻子買一只玉鐲……這一切不是小說中的事，是你親眼看到的，你必將銘記在心。

哦，武陵！我還能怎麼來讚美你呢？

我非武陵人，雖然我心羨此地的每一個人，但我還有山下的工作，我做人的位置在山下。此刻我只盼你能聽一聽我爲你譜出的歌。

伸心中千手擁你入懷

你回我以默默

我塑你在我心的中央
你回我以默默
默默的山影
默默的群樹
默默的土香
默默的花海
在一片默默中你醞釀
滿心的歡笑　笑聲沒入人心
我來看你的默默
我是含笑而去的過客

我是過客，但誰又不是呢？唯武陵永在，武陵的一切將錄入史冊；那人力的輝煌，那精神意志的閃閃發光，那鐵錘鑿石的聲音，那壓路機的吼叫，那花的爛漫，那果子的沁香……豈能不算是我們這一代人戰勝自然的明證？

在一片長黑之中

長久以來，腦際盤迴著一個蠢念頭：錢，眞的那麼可愛嗎？一位老友反問：錢不可愛，那你說，還有什麼東西可愛？一時我竟答不出來。

錢，的確可愛。有了錢，不愁食衣住行，而且玉食錦衣，住華廈，乘香車，一切招之即來，揮之即去，如此人生，夫復何求？沒有錢，三餐不繼，衣不蔽體，寄身廊簷，舉步艱難，呼天天不應，呼地地不理，這種人生，豈不慘乎？

一個人若把有錢與沒錢如此對立看待，基本上，是他對錢毫無認識，這人不是錢奴，即爲錢婢，因爲他只是被錢役使，牽著鼻子走。但是這種人決不是笨人，他們往往想盡辦法弄錢，而且眞能弄到錢。

君不見當今社會，錢潮洶湧，多少人在其間載沉載浮，玩錢的遊戲玩得不亦樂乎！不亦悲乎！

我有一位昔日患難之交，一家七口，原本在一個山鄉開一家小吃店，日子過得還算幸福，夫妻與長女掌理店務，長子與次女各自婚嫁，自立門戶，次子與三女分別就讀五專，店中收入足夠開支，還稍有積蓄。照說，這位仁兄除了全心培植次子三女，應該知足。但不知受了什麼影響，竟在前年八月來了一趟臺北後，回去就對已有的一切大感不滿，尤其厭惡自己的行業，不理會太太的勸阻，提出了所有的存款，把小店交給太太，闖到十里洋場的臺北。他老哥在臺北住進一家小旅館之後，大概做了一場發財夢，第二天一早起床，就精神煥發，興匆匆的找到上次來臺北時相遇的一個並不很熟的朋友，相偕去到一家「××開發公司」，把帶來一百零五萬元現鈔作了投資。那家公司收了錢，開了收據，並且立即發放利錢四萬二千元，另外還有紅利六千元，公司的人說：先生，以後每個月十號，你來領錢，如果想在本公司辦公也可以，我們會分配桌子給你，還有，假如你能介紹親戚朋友加入本公司，我們非常歡迎，你還可分紅，介紹越多，分紅越多。

我這位朋友興奮莫名，立刻想到他的長子次女，撥了長途電話過去，一五一十並且添油加醋，把自己一下子賺了大把銀子的事說了一番。他的長子次女，長年住在鄉下，一個個樸實單純，聽說賺錢如此容易，答應寄錢過來，請老爸代辦。就這樣，一個六十萬，一個七十五萬，加起來一百三十五萬，也投進了那家公司。

前三個月，利錢按期發放，一切相安無事，老爸樂得笑呵呵，老媽也誇獎丈夫能幹，有眼光。到第四個月，公司說是年中結算，延遲了六天發利錢，我這位朋友沒在意，第五個月又拖延了八天，他也不在意，到第六個月，拖了八天，又三天，再三天，他在意了，他問公司某部主管，那人拍拍他的肩膀笑著說：先生，你放一百個心，一千個心，剛才陳總已經宣布，明天早上九點半開始發放，每股還加四分之一利息。

他安心了，也滿意了，回到租住的公寓三樓等「明天」，可是這「明天」，卻遙遙無期。「××開發公司」惡性倒閉的消息曾轟動一時，我那位朋友爲此心臟病發，到現在還癱在床上。

這是眞情實事，我實在不相信，像我這樣一位老實的朋友，竟也被錢財迷了心竅。但這又怪誰嗎？錢是被動的，錢成爲害人的兇器全在人爲。

昔時有所謂「君子愛財，取之有道」，現在看起來似乎迂腐不堪，所以有人易「道」爲「盜」，說這社會衆生對錢少有不起「盜心」者，話是重了些，但不也是事實嗎？

何以錢被寵到置於萬事萬物之上？我百思不解。因此，我只能笨拙在一片長黑之中，睜大眼睛，偷窺一絲人性復甦的微光，慢慢展現它撫平人心的力量。

我的年夜飯小史

我在部隊裏一連吃了十二頓年夜飯，其後在朋友家叨擾了七年的年夜飯，成家之後，每年的年夜飯都由我一手包辦……

我吃過多個人家的年夜飯，各有滋味不同，至今難忘。

小時候，長住外婆家，每到過年，就有莫名的興奮，但在小孩子的意念裏，年夜飯的豐富與否，似乎跟這莫名的興奮沒有多大關連。直到離開家鄉，到上海依附父母膝下，吃第一頓母親料理的年夜飯，才稍稍發覺，外婆家的年夜飯不但豐富，而且好吃。儘管如此，年夜飯對於未成年的我來說，還不會引起太多的人生感慨。

我十六歲離鄉背井，跑到北平去當兵，年底華北局勢吃緊，部隊調動到郊區，轉眼到了農曆臘月，兵荒馬亂中那來年夜飯可吃，這光景，想起外婆家的年夜飯，就不免淚眼汪汪了。

外婆家的年夜飯最可貴的，是所有的菜料都是自家所產，從蔥薑蒜椒到雞鴨魚肉，全是新鮮貨。當然也有些菜料是早先準備的，像搶蟹、醉蝦、鰻鯗、火腿等等。外婆平時不下廚，但她老人家的手藝卻是一等一，就拿一道素什錦來說，從選料到一一處理，得花上兩天功夫，所謂「慢工出細貨」，這道素什錦一上桌，總是第一個盤底見天。外婆還會做糕餅米糰，這也是農曆年底必備的，主要的材料是糯米粉，餡兒有芝麻、豆蓉、蓮蓉、棗泥等等，從臘月二十三到正月十五鬧元宵，我幾乎每餐吃糰。

離家後的第一頓年夜飯，竟是餓著肚子思念家中滿桌的佳餚，當時眞想蹓之乎也，但又怕人生地不熟，給逮回一槍斃掉。好在年輕，想一陣，偷偷哭一回，也就罷了。

到了第二個農曆年底，部隊踞守登步島，雖然戰情依然吃緊，卻因爲隔著一道海峽，大夥兒總算在物資不很充裕的情形下，吃了一頓有魚有肉的年夜飯，飯後還觀賞了政工隊演出的話劇「大年夜」。這頓年夜飯令我終生難忘，因爲其中的一道菜——酸菜豆腐燉小黃魚，是我幫炊事班長配的料。

部隊在三十九年六月到臺灣，這年農曆臘月，我們在清水整訓，除夕前一天，我被指派爲三個採買之一，負責張羅年夜飯。由於部隊剛到清水，還沒有自辦克難生產，原有的節餘也在移防前的一次加菜時耗盡，就靠一天的副食費，加上連長撥出的小額特支費，要辦出像樣的年夜飯，實在困難。我們三個人想得焦頭爛額，最後決定先開一張菜單，估計一下價錢，如果不夠，就以三個人名義，到市場肉攤子上賒帳；解決了肉的問題，別的就好辦。結果，大概是我們的計議時嗓門太大，讓第一排尹排長聽見了，他怕我們到市場賒帳壞了軍譽，掏出好幾個月積蓄，替我們解決了問題。這頓年夜飯的菜單是：醋溜辣白菜、花生米炒小魚乾、紅燒肉、清燉雞。

我在部隊裏一連吃了十二頓年夜飯，其中有四頓是在金門吃的。五十一年我從金門調回，到了農曆除夕，不知道什麼原因，就是不想留在部隊吃年夜飯。到那兒去呢？忽然我想起了丁文智，這位豪爽熱情的山東朋友，那時家住中壢龍岡，剛剛得了一個麟兒，我決定不顧一切，備了一份寒酸的年禮，匆匆搭車前往。好不容易找到倜處在龍岡圓環一條小巷子內的丁府，已經是傍晚六時。丁家嫂子（那時尚屬初識）正在燒菜，看見我這個陌生人不免吃驚，好在那時的丁府就那麼一間屋，文智見到我，立刻拉我在床邊坐下，熱情的說：「你來得正好，鳳英在燒鴨子，這是她家傳的拿手菜，你有口福。」我的確有口福，那頓年夜飯，不但有蔥燒鴨，還有豆瓣鯉魚與其他佳味，我貪杯暢飲，幾乎醉倒。

從此以後，直到五十九年結婚，我都在朋友家叨擾年夜飯。五十二年在王渝家，五十三年在楚戈家，五十四年在秦松家，五十五年在梅新家，五十六年在文智家，五十七年在李錫奇家，各家的年夜飯風味不一，但主人的熱情逼使我不得不想著早早成家。五十八年我有了女朋友，年中退伍，結束了二十年又九個多月的軍旅生活，那年農曆除夕，我雖然買了不少菜，打算邀請幾個光桿朋友到我「家」吃年夜飯，卻臨時變卦，跑到女朋友家裏去吃年夜飯。

那是一頓與以往在軍中或朋友家完全不同的年夜飯。我不僅有了「家」的實際感覺，而且那份溫暖是我從未體驗過的。女友的父母待我如家中的成員之一，賜我吃喝，還送我一份壓歲錢，我被那股溫暖親切的氣氛感染著，已沒有往昔時時興起的飄泊之感。這使我領悟到，年夜飯爲什麼會令天下的遊子刻骨銘心。

結婚後，我家的年夜飯便由我一手包辦；但多次都與岳父母一起。年夜飯的菜餚，從浙江的清蒸黃魚到東北的酸菜白肉火鍋，可說是南北口味合桌，米飯與餃子各取所好。

如今年近六十，年夜飯的意義，只想留給兒子去慢慢體會。若說我還有什麼願望，大概就是國土早歸一統，在自由自在氣氛中，與家鄉兄弟共吃一頓大團圓的年夜飯。

怪味雞與涼拌空心菜

天生嘴饞，所以有時候便不免好吃「濫」做。朋友們說我的廚房工夫還有那麼一套，其實全都是「濫」做的結果。

我會弄的菜不是什麼金顆玉粒，都是普普通通、低價位的；譬如酸菜燒筍、酸菜發芽豆、涼拌空心菜等等，較費火候較高價位的，大概要算燜肉、蔥烤魚與怪味雞。

食譜對我來說派不上用場，如果我一按照食譜做菜，不但菜色走樣，味道更難以下嚥，反倒是隨心所欲，有時候還眞能弄出一道讓人食指大動的菜來。

沒有賣相（現代用語叫「賣點」）大概是我做出來的菜的特色，不過，像「怪味雞」這道菜，在我看來「賣相」實在不差。紅紅的辣油、綠綠的蔥花、芹菜末，黑黑的芝麻，聞起來香噴噴的，吃起來當然夠味。

其實「怪味雞」這道菜大有來頭，據說與「東坡肉」齊名，都是大詩人兼大美食家蘇軾的另一種創作。蘇先生給杭州帶來不少好處，我出生杭州，也寫寫詩，卻不夠資格稱作美食家。不過，我的「怪味雞」，凡是吃過的朋友，都會留下一點印象。

這道菜的做法不難，問題是雞肉要嫩要老，有火候及蒸煮時間上的差別。材料是雞胸兩個或雞半隻，洗淨後用衛生紙或乾淨毛巾吸去水份，在電鍋上蒸熟，熟後晾一晾再切成塊。在蒸雞時，準備各色作料，包括蔥四兩、芹菜二支、五香粉、麻油、辣油、醬油、芝麻、糖、醋等。蔥去敗葉切成蔥花，芹菜切成末，在盤底鋪上一層，灑上少許鹽及細砂糖，然後將雞肉鋪上，麻油辣油醬油砂糖與五香粉相拌，約半飯碗，平均澆淋在雞肉上，再鋪上一層蔥花芹菜末，芝麻用乾鍋炒熟，鋪在最上層，便大功告成，等上桌後拌動一下再吃。

「怪味雞」佐飯配酒兩相宜，如果喝的是金門高粱，那就更帶勁。配饅頭的話，因爲沒有油份，就不太合適。

另一道「涼拌空心菜」，做起來比較費時，空心菜二斤去葉去老梗（不能用刀），洗淨吸乾水份，用滾水燙熟（一燙即可），然用手撕成細條，加鹽及糖，少許味精拌勻，放入盤內。蒜頭、蔥薑、芹菜、香菜、辣椒切末，乾蝦仁切末，熟油鍋後與肉末一起下鍋，至微微焦黃程度，全部澆淋在空心菜上，吃時加醋拌動。

路是人走出來的，菜是人吃出來的，當今之世，吃的名堂越來越多，但是吃飽了卻很少有人安步當車，走走路消化消化，因此，一個個腦滿腸肥，超級小胖子更是多得嚇人。

王家的年夜飯

三十年前，我們這夥朋友大多還沒結婚，每到舊曆除夕，都會不約而同，到臺北市新生南路三段十巷八號，向「王媽媽」辭歲拜年，然後吃一頓一年裡根本吃不到的大餐。

王媽媽是女詩人王渝的母親，曾經在抗戰時期做過女子中學校長，那時在臺灣大學夜間部做事。王媽媽有兩個女兒，王渝已嫁，與先生長居美國；小女兒王琦在實踐家專修服裝設計，也準備出國進修。在這種情形下，王媽媽把我們這夥軍伍出身的小伙子視爲子侄，對袁德星（楚戈）尤其鍾愛。我們那時有的剛從軍中退役，進入民間企業或公家機關工作，有的還在軍中待退，我是待退者之一。我們的結識基於寫詩，而王媽媽對我們所寫的「現代詩」有看沒懂，但由於大女兒也在這麼寫，所以就容納了我們。

王家的房子是日式建築，前後、左側都有小院子，除非我們大聲叫嚷，一般的笑鬧，吵不到鄰家。王媽媽最愛看我們互相調侃，那時候她也很樂。通常，我們都相約之後，才去王家；那時，打電話給王媽媽是我的任務。她老人家一接到電話，就開始張羅吃的；平常日子，王家的大冰箱裝的都是乾貨，對王媽媽來說，弄一頓七、八個小伙子吃的飯菜，一點也不成問題。我之所以擔當打電話的任務，是因為大冰箱裡的乾貨，譬如魷魚乾、醃製肉品、香菇等等，都是我替她老人家買了放進去的。我有時也替王媽媽買些茶葉、糕餅點心，換取一頓好吃的；朋友們都樂意我這麼做。

王媽媽如果一個月以上不見我們去叨擾，還會叫小女兒打電話查問：某人怎麼啦？某人去南部回來沒有？並且囑咐小女兒一定要說：燉了一鍋好湯，燒了幾道好菜；這其中，少不了「揚州獅子頭」與「童子雞火腿淡菜湯」。我們不管那一個一接電話，就恨不得肩上張開翅膀、腳底裝上輪子，飛奔王家。

這麼一位老人家，逢年過節，自然更喜歡熱熱鬧鬧。王媽媽的年夜飯，除掉上菜市場幫她拎菜，回家聽她吩咐洗菜，其他一切都由老人家一手調理。我們除了鼻子裡塞滿菜餚的香氣，空著肚子等吃，就只有天南地北的窮聊，要不便互揭小小瘡疤，拿一些所謂戀愛上的小事調侃一番。王媽媽喜歡我們談女孩子方面的事，有時她在廚房聽到我們提及某某小姐，還會大聲說：××，去把×小姐找來，一起吃年夜飯。

王家的年夜飯，我們吃的不僅是豐美的菜餚，更是一位慈祥老太太的愛心。為了這一餐，老人至少忙上半個月；就拿應景的「什樣菜」來說，什麼金針、木耳、香菇、干絲、荀絲等等，每一樣都要用精細的刀法切成絲狀，而且烹煮時，總共十樣的物料要一樣一樣下鍋烹炒，然後再炒在一起；可說完全是功夫菜。老人家擅長江浙菜，特別是揚州菜，什麼「清燉獅子頭」、「餚肉」、「風雞」、「燜煮干絲」、「煨麵」等等，只要端上桌，我們就來個一掃而光。年夜飯少不得酒，老人家平時滴酒不沾，這時候，就主動端杯祝酒，爲我們的身體健康、事業前途、終身大事等等，一一祝禱。而我們恭恭敬敬站著，在老人家祝酒之後，一起乾杯，祝她福壽延綿、福體安泰。

這頓年夜飯吃到深夜，我們除了少數幾個留下來陪老人家摸八圈，其他人酒足飯飽，分別向王媽媽辭歲賀年，走出王家時，心頭總是暖暖的。

如今王媽媽已仙去，我們這夥人中也有跟她老人家走了，活著的，老境雖不堪憐，但卻無法活得像王媽媽那樣坦然率直並充滿愛心，至於王家的年夜飯，更是可望而不可及了。

我的哼唱小史

從小我就喜歡亂哼哼，哼出來的既非北調亦非南腔，而且沒有詞兒。唸小學一年級時，唱遊課幾乎成了我一個人的表演會，從高八度到低八度，我拉開嗓門就再也關不起來。所以，那位梳辮子的吳老師，拿我沒辦法，只好把我攆出教室，到操場罰站。我即使被罰，還是不能抑止唱癮，獨自仰著脖子，在操場裏哼個不停。

這種怪癖被多位師長視為病態，認為我一定是那一根神經出了毛病，可是在那個時候，鄉下的小學校何來醫務人員，甚至連鎮上，也找不到一個醫生，我的「神經出了毛病」就只能以「罰站」來治療；然而療效不彰。

「病態」拖了半個學期，學校方面實在受不了我這個特殊學生，不得不向學生家長報告——我說「報告」，是因為我父親遠在重慶，母親在上海，我跟著外婆住鄉下；而我的外婆則是這所學校的捐資人，捐地捐錢蓋學校，雖然沒有「董事長」、「學生家長會會長」等等名義，卻是全校師長所敬畏的人物。

外婆得到學校的「報告」，實在不明白這究竟是怎麼回事？因為，她的寶貝外孫在家裏文文靜靜，像個女孩子，甭說哼哼唱唱，就連開口說話也極爲難得。兩種情形一對照，老人家慌了，心想：這孩子莫非眞的有病？還是趕快送回上海找醫生。

回到上海，重投母親的懷抱，說來眞怪，我這種大聲亂哼哼的毛病，竟然立見痊癒；母愛的神奇於此可見。

也許是那半個學期的「歷練」，我居然有了很敏銳的音感，也有了一付好嗓子。在上海以及後來到重慶，我唸的每所學校裏，只要有唱歌比賽，第一名一定是我。可惜的是，我母早逝，我父工作繁忙，一直抽不出時間跟子女多作接觸，自然也就沒能發現我在唱歌方面的「天賦」。

抗戰勝利後，舉家返鄉，我又陪伴外婆住了一年，那時我唸小學六年級，功課平常，唯獨音樂課例外，我不僅能唱，而且有讀譜能力。那位尤老師，不是科班出身，而是歷史老師兼教音樂，他年紀不小，瘦瘦身材，看起來一身有病，所以，每到音樂課，總是把我叫出來，要我帶頭領著同學唱；如果那時有所謂「代課老師」這個職稱，我大概是其中之一吧！

我記得那時同學們最喜歡唱「嘉陵江上」與「故鄉」這兩首歌。其實，抗戰已經勝利，這兩首戰時的名曲，沒有必要再唱，再且也不適合小學生來唱，然而，我們三十八個人，卻唱得十分起勁，後來竟能以「故鄉」一曲，在縣政府舉辦的小學歌唱比賽中，拿了第一。

我是在拿到比賽冠軍後離開學校的，距畢業只有一個多月；我隨外婆到上海探望父親的病，就再也沒有回過老家。第二年，父親續絃，我唸初一，在學校住宿，雖然難抑唱歌的衝動，卻改變了方式，不在人前而是偷偷在沒人的地方哼唱，我唱的歌，也從創作歌曲易爲民謠小調，我發覺，這些來自民間的聲音，有一種原始的美。

因爲「原始」，你不必認眞的去唱，不必顧及是不是合乎節拍，甚至，你只要把它哼出來，讓它成爲一種稍具韻律感的聲音就可以了。

我沒唸完初一就當了兵，原因不必細述。部隊裏唱軍歌講究統一，而且在雄壯豪邁的要求下，每個人都得把嗓門拉大，聲音放盡，我不習慣這種「怒吼」，結果呢？在一致的吼聲中出現了一種怪腔雜音，我就常常被值星班長叫出列，就像小學一年級時被攆出教室罰站，糟的是，我只有聽的份兒。這麼一來，當兵二十一年，我始終沒能學會唱軍歌，因而軍隊中的長官同事，也沒人知我是「能唱」之人。但是我沒有放棄這份「嗜好」，常常，在獨處時，我會不斷的哼唱，並且盡可能找到沒唱過的，在沒人指點下，憑著一點點讀譜能力，把一首「新歌」唱得合乎自己要求的節拍，而不至於荒腔走板。在那段日子，我體會到，在邊海哼唱要比在任何別的地方哼唱，得多用兩倍力氣，也由於經常跑到海邊去哼唱，我的身體壯了起來，肺活量也大了許多。

我從不懂所謂「美聲唱法」，也一直不以爲自己能成爲一個聲樂家，甚至唱歌究竟有什麼樂趣，更未予深究。我只是喜歡而已，因此常常情不自禁，在灌下三杯黃湯之後，自告奮勇的獻唱。這是在當兵多年，藉著寫詩認識了不少朋友之後才開始的；在朋友中，有一位老兄似乎特別嫌惡我的獻唱，每當我拉開嗓門，他老兄就拉長了臉。我不怎麼在乎別人怎麼對待，好聽與否，是他的裁決，我只想很自在的哼唱，唱出心裏頭的一些什麼來。

民謠小調我愛唱，大概會唱一百三十首，藝術歌曲、流行歌曲以及抗戰歌曲我也唱，會唱的不少，但都忘了詞。有時我也唱洋歌，如小夜曲、聖母頌以及美國福斯特的歌曲，我洋文基礎極差，唱起來雖非五音不全，卻是莫名其妙。

如今我已年過半百，算算日子，唱了竟已五十年，卻不曾正式登過臺。也許再過幾年，我會心血來潮，參加電視臺的「阿公阿婆唱歌比賽」（希望那時仍舉辦），眞心誠意的唱一曲「大江東去」或「一根扁擔」。

請各位等待。

返鄉記情

走著走著，就到了「鶴琴居」老宅，大門猶在，門上那「大渥世保」四個字的石刻，若不走近細看，確已模糊一片。是時間的侵蝕呢？還是老眼昏花？眼皮垂落，眼內寒澀，我早已哭乾了淚；返鄉之行，竟是這般的悽苦。

大哥出奇的沉默，背著手，半仰著臉，看老天公道何在嗎？不，他久已不信這些。說來，大哥也足足三十年沒看過老宅的模樣，所以，在陪我返鄉的路上，他不斷說：「樣子一定變了，你想想，原先一家人家現在住了八家人，不變也不行。」

這話分明是告訴我要有心理準備，而我卻是一路上慢慢準備起來的；這一段行程，如今在記憶中叫做「淚行」。

好在大門猶在，這老宅我還認識。

我也認識那扇臥房的窗，這時候是關著的，它便也關住了我童年的聲息，這聲息會從木板間隙中逸出來嗎？我等待著，乾澀的眼皮又發熱了。

「再哭一次吧。」

大哥幽幽的說。我微側轉臉，看見他在掏出手帕。

唉，少小離家老大回！

我讓淚水順頰淌流，落在地面無聲勝有聲，哭吧，我告訴自己，也告訴埋葬我童年腳跡的地面。哦，你還是我心靈中的沃土嗎？

老宅默默，它能回應什麼呢？四十年了呀！能不變嗎？我恍惚聽見老宅的喃喃自語：我不會再有四十年了，你也一樣，終究會讓歲月給擊倒。你留著我現在的模樣，與從前的模樣，向歲月去討公道吧！

這不也是我要說的話嗎？我相信大哥也會這麼說。留著印象，不管現在與從前，直到我們被歲月擊倒。

「走吧，去看看東河。」

大哥說著挪動腳步，我跟在後面，不到三分鐘行程，東河就出現眼前。

河水緩緩北流，清澈依舊，只是水面上漂浮著塑料廢棄物，現代文明的侵蝕，令人無奈。

在埠頭站定，注目對岸的一排柳樹，忽然我伸出右臂，慢慢擺動垂落，像柳枝一般欲釣，我能釣起一尾鯽魚呢？還是一串串水珠中的空茫？刹那間，童年時河邊垂釣的一幕飛快閃過，我彷彿聽見外婆在數丈外的路口殷殷叫喚：

「阿森！吃飯啦！」

我更突然警悟此刻正置身魚米之鄉的江南，年過半百，我的手臂已不能像柳枝那麼輕靈了。而江南，江南它也在變。

唉，鄉音無改鬢毛催！

時近正午，大哥說：

「姨父等我們回去吃飯，走吧。」

姨父母都已年邁，因爲無後，寄居在掌起橋畔一戶遠親家。我隨著大哥慢慢從另一條路走回，沿途的房舍略有改變，只是那座大石橋，石階上的腳跡陷得更深，似乎不勝負荷了。走過石橋，那條小街仍在，記憶中的一家醬園，已拆遷一空，如今是一處攤販集中地。當然，那位身爲醬園小東家的我的小學同學，也不知萍蹤何處。我不能想像當年爲爭做班長怎樣與他對打，那位不知如何處理這場糾紛的年輕吳老師，自然也印象模糊了。但是鄉親親之，一路上我都被笑臉相看，頻頻、款款的問好。在我心中遍灑了暖意。

我們走近掌起橋，這座慈谿最老的石橋，總有一百五十高齡了吧。它身影佝僂了，行人稀少了，顯得分外的孤獨。它原本是通行兩岸的要道，如今在一百公尺不到的地方闢築了新路，它完成任務，理該歇息了。但是我站在橋頭，很想，有朝一日，一座花轎，前簇後擁，熱熱鬧鬧，在橋上過；重新給掌起橋一個肯定，肯定它在小地方的一段歷史中活過。

姨父的遠親備妥了滿桌菜，喝的是「加飯酒」。我慢慢咀嚼這分濃厚的情誼，想醉，卻怎麼也醉不了。姨母耳背，還有些老人癡呆，總是直視著我，臉上似乎還有些滿足的笑意，遊子回家了呀！怎麼不高興呢？我感覺喉頭梗塞，再也嚥不下任何美食，甚至隔斷了四十年如今又暢通的親情。

放下筷子，我癡癡的看著姨母，兩人的目光相接，但我茫然自問：

「老人家心中還有我嗎？」

母親的嫁粧

一眼望去，它發出暗紅的微光，與淺藍色窗帘引進的輕風，使整間小屋有了韻律感。鑲象牙與貝片的面板，似乎也活了起來，有些精靈在其上跳躍，漸漸，身影擴大，我竟看到亡故已久的母親，戴鳳冠、披嫁衣，在她身後是姨母，身側喜極而泣的是外婆。

這是幻覺，可親近的幻覺。因爲那時世上根本還沒有我這個人，如今已年過五十的我，遂更珍惜這幻覺。它來自屋角那口紅木櫃——我母親的嫁粧。

如今這櫃子已是四弟家的寶。大哥說：

「虧了老四，從火劫中劫回它來，不然，我們家的有形家史全給切斷了。」

這劫火，是狂人燒的，二十年前這狂人燒起一把狂火，令天地變色，家，在狂人眼裡算個什麼！

「我們家人四散，天南的老二，地北的我，西陲的老四，不見影的你，只留下老爸原地受折磨，跪成了風化的石雕。」

抄家隊一批批來，抄了前院抄後院，抄了東廂到西廂，拿走了想拿的東西，最後點起一把火。四弟不知怎麼感應到，或是心血來潮吧，打老遠奔回家，趕了六天的長路，趕上火燒「豪門大宅」的節骨眼，顧不得烈火濃煙，把這口櫃子從火魔嘴中奪回！

「滾燙滾燙的，」四弟激動的說：「我雙手起了泡，不知道那來的蠻力，竟把它扛了出來。」

唉！大哥一聲短嘆，我呢？返鄉至今聽了太多傷心事，我眞恨不得耳朵暫時失聰。而這紅木櫃子會明白我的心意嗎？母親的嫁粧，聽說這是父親最鍾愛的。我走近撫摸它仍然光滑的面板，心頭生涼意；它曾是我一再撫摸過、開啓過的，木紋中應還留有我的指印。小時候，貪玩好吃，母親藏起的零食，都躲不過我愛搓泥丸的小黑爪子，紅木櫃藏的是父親愛吃的糕餅，能不被我一再光顧嗎？

我說起這一段，難得引起大哥的輕笑，他甚至補充說：

「怎不說你挨了多少回打？你還連累了我，有一回，你塞給我一塊棗泥餅，我剛放進嘴，媽瞧見了，指著我說：好呀，你做大哥的領著頭偷吃。」

我覺得臉紅了，眼濕了，四弟在旁感染了這氣氛，伏在我的左肩，啜泣起來。童年，我們四兄弟共享的美好日子，在回憶裡模模糊糊，再也拼不成一幅完整的圖像，更何況二哥臥病，一個圓形缺了一角。

我已沒有興致去訪西湖了。龍井茶、虎跑泉、靈山洞、錢塘潮……一切都已經質變。

通過自己：略說楚戈

楚戈告訴我要開六十回顧展，嚇了我一跳，我端詳著他的臉，心想，你有這麼大歲數了嗎？楚戈那張永遠的孩子臉（經過病魔的折磨仍然不變），是我喜歡與他常相往來的原因，不過，更叫我喜歡這個傢伙的，是他內心的那份眞摰；不僅對詩、對藝術，尤其對人。

他的六十回顧展，我當然要爲之一賀，但當他要我寫點什麼時，我不禁膽怯了。坦白說，多年來我接解藝術，所知者僅是皮毛而已，要我對這傢伙這些年來在藝事上的成果作一番批評或剖析，我是沒有能力的。不過，朋友一場，平時常在一起吃喝閒聊甚至摸八圈，總還是有那麼一點粗略的認識。

在紀弦先生創立「現代派」的那一年，楚戈認識了我。我之所以說「楚戈認識了我」，是因爲我那冷冰的木頭個性，不管在什麼場合，都給人多餘的感覺。偏巧楚戈一身都是熱情，那天在會場上，他搖晃著笑臉的模樣，一進門就吸引坐在角落上的我，另外一個引我注意的原因，是他的身材比我還矮。當時我正有些「阿Q式的陶醉」的想著：

「這下可好，來了一個比我更不起眼的」，誰知他搖晃著笑臉走了過來，伸手作自我介紹：

「我叫袁德星。」

我被這突如其來的熱情燒失了魂，傻呆了好一陣子，才慌張的站起握住他的手，一面細聲細氣的說：

「我叫辛鬱。」鬆開手，聊不到兩句（我早已完全忘記聊的是啥），他就搖晃著笑臉走開了。

會場裏氣氛熱烈，當主席的紀弦先生正講得起勁，我在距離主席台最遠的位置，根本聽不清楚紀弦先生在說什麼，只覺得有些悶。正在解開上衣扣子透透涼的時候，楚戈搖晃著笑臉又走了過來，並且帶來了一個也是一張笑臉的人。他用一種似乎已經跟我十分相熟的老朋友的口吻對我說：

「噯，辛鬱，給你介紹一個朋友，他叫羅馬。」

我與羅馬握手的時候，發現這位仁兄的嘴有一點歪，笑起來十分可愛。

一下子結識了兩位朋友，深覺此行不虛，但我的木頭性格在當時似乎絲毫未受感染，仍是一臉冷冰冰。回到營地，腦子裏總有兩張笑臉盤迴不去，我相信緣份，告訴自己說：這兩個傢伙將是終身的朋友。

果然，這話應驗了。

我與楚戈從相識相交到相知，貴在彼此沒有世俗的利害關係，他寫詩，我寫詩，各人風格不同，互不影響，他畫畫，我唱歌，彼此都能夠容納。早年我們曾在一個單位混，合資租小樓一間，名曰「同溫層」。那段日子他確有「溫暖」可取，我沒有，但是我心懷羨慕卻無餘恨。我欣賞他的「頑童」性格，有時候卻不能夠「消化」他的小小玩笑，而臉有慍色，於是「悲壯」二字便成了我的另一代名。

楚戈在同溫層時期作畫甚勤，他幹這行當的全神貫注與全心投入，就像一個小孩子玩泥巴或打彈珠一樣，媽媽在那兒大喊：小毛吃飯啦，小孩子完全不理會；楚戈根本不把我當作他的「同居人」，任我八遍十遍的叫著：走吧，祭五臟廟去吧！

他對我的全不理會，最初令我極不痛快，不免「悲壯」一番。慢慢的，我站在門口一面喊一面看，他畫畫的樣子吸引了我，竟有了一層體會，我對自己說：

「看這小子的畫，不怎麼樣（這是指當初，現在大不相同），看他畫畫的樣子，倒眞有點意思，莫非這小子在把畫畫當一種遊戲？」

後來我向他求證，得到肯定的答覆。

「畫畫對我來說，是一種最大的快樂。」他一本正經的說：「老朋友紀弦把寫詩當作過癮，一種尋求快樂的行徑，一上午，二個小時，甚至整日整夜，我都覺得快樂，任何煩惱干擾不了我，身心得到了完全的釋放。」

我問他是色彩的緣故，還是線條或造形？他爽快的回答：

「是整體。」

接著又補充說：

「局部只是個過渡，是未完成，一首詩的好，是完整的主題與藝術性的表現，你不能只說其中的一行寫得美。我畫畫，當然要求一幅作品的整體表現。」

就這樣，我們談到了他的創作觀。

「你常常在畫面上作不同的表現，這是怎麼回事？」

「大概是我的性格使然吧，」他慢條斯理的說：「我在上面說過，畫畫對我來說是一種快樂，勝過任何物質條件滿足的快樂，但快樂也會定型，會僵化，僵化定型的快樂，又有什麼快樂可言？譬如你辛鬱，唱歌是一種快樂，你總不會老唱那條小路吧？畫面的不同表現，基本上它們仍有內在的聯繫，因爲畫畫的人是我，就如同你唱一百首歌，調子變了，詞兒變了，唱的人是你。這也許——套你常用的一個辭，也許就叫做使命，我楚戈的藝術使命。所以，我是一直在創作的遊戲當中產生理念。我覺得這一代中國人，雖然面臨長期戰亂，又復面臨西方思潮衝擊、感染，總還是在艱苦的成長當中，找到了一些自己的面目，這其中的一個動力來源，是我們對於傳統的不斷反顧與思索。」

我問他對於傳統的體悟，他神情嚴肅略顯興奮的說：

「我作了長時間的古器物研究，譬如古陶、青銅器，都略有心得。在研究工作中，我發現我的祖先智慧之高、之不斷創新，令我最爲興奮。這且不說，單從繪畫而言，在公元八世紀，也就是晚唐時期，我國水墨畫的觀念之新，就值得我們引以爲傲。它的單色表現，不求形似，以及畫中有詩，在西方直到克列與超現實主義興起，才出現這些。這使我體會到創新與求變的重要，因此我也一直要求自己，我畫的畫應該是與古代不同，也與外國不同的現代中國水墨畫。」

楚戈把這次在臺北市立美術館舉行的展覽取名爲：「楚戈・六十・回顧展」，展品大致區分爲四大單元，分別是：一、「楚戈畫詩」，二、「楚戈畫字」，三、「楚戈畫畫」，四、「楚戈畫外」。由於他那一切不甚在乎的「頑童」性格，過去的作品幾乎一無所存，因此「回顧」也者，不免打一折扣。不過就如同他在「六十回顧展自敘帖」結尾所說：

「由於本人一向粗疏，對自己很不負責任，早年的畫很難找到，十月五日至十一月七日的『六十回顧展』雖然『回顧』不起來，但在『五花八門』的多樣性方面，也的確算得上『有得看的』了。」

我相信，這傢伙的畫展值得一看。

楚戈要我寫點什麼，本來應該見好就收，但是我還有話要說。

朋友們總覺得楚戈有點「玩世」，譬如每次朋友聚會，他不是記錯時間地方因而遲到，就是完全忘記。我總把這些歸之於他的「頑童」性格，就我的了解，他珍惜友情幾乎到「濫情」程度，朋友在他心目中各有位置，他從未有「不恭」之舉。此外他對錢財的處理也頗爲特殊，知道錢財的用處卻不作「錢奴」，有錢的時候出手大方，沒錢的時候有朋友在。有人以爲他的畫有市場，這些年在錢財上一定大有收穫，他不否認這些年賣了些畫，但決不爲賣畫而畫，讓市場決定創作走向。他說：

「我可以大量的畫，整批的賣，就目前來說，我做得到，但是我不幹！」

這一點，我完全相信。

若干年前，我們這夥人都一無所有，對世道的認知也淺陋得很。十五六歲扛槍桿上火線，並不太清楚這戰爭是怎麼回事，大劫餘生，身上二尺半還未曾卸脫，又離鄉背井，夜半夢醒難免默默流好幾行清淚。我們有很多飢渴，特別是知識，而痛只痛在我們年輕生命的不馴，要在某些制度規章下被上去其「不」下加一「服」，這「馴服」，我們不爲也，於是，總不免有些小小抗爭。我們就在這小小抗爭，也可說是持續的奮鬥中成長，那時候寫詩、畫畫、唱歌成了最大的緩衝力量；在寫詩、畫畫、唱歌的慰藉下，我們年輕的生命沒有爆發，我們游走在某些制度規章邊緣。

楚戈是「我們」當中的一個，他稍有不同是，由於天生的喜感，他把寫詩、畫畫當作一種遊戲來處理，他隨寫隨畫隨扔，只要得到快樂。這率性而爲的結果，一方面固然避免了他與寄身所在處的小小衝突或對峙，一方面卻也是他個人創作歷程上的一個不小的損失。

如今回想起來，楚戈雖一貫的表示無所謂，但我深信，他內心總不免有些「若有所失」之感吧？

幾年前，楚戈大病一場，如鳳凰縱身劫火之中，如今火鳥再生，可以一飛衝天，他則說：

「還是讓我一步一步往前走吧，最重要的，是我的生命卡在路當中，一切得通過自己才行！」

遙想當年

——紀念覃子豪

終於到了「過黑髮橋」的年齡。每當攬鏡臨照，鏡面上的老者竟是自己，怎不叫人心驚？而記憶中的子豪先生，五十出頭就是一副小老頭的樣子，還寫下「過黑髮橋」這樣充滿人生感喟、歲月不居的詩。

子豪先生是我拜識的前輩詩人中最具「老相」的一位，但這「老相」並不代表威嚴；他待人親切，是一位看來極爲平凡的鄰家父兄。

雖然拋離家鄉四川廣漢幾十年，子豪先生講出來的川腔還是很濃，也十分動聽。有一回病中憶往事，談到家鄉，他眼眶紅了起來，有淚水滾動，一口濃重的廣漢話，我竟然一句也聽不懂，後來情緒好轉，他要我講浙江慈谿土話，我講了三句，他也完全聽不懂。他說：

「中國人，爲什麼隔得那麼遙遠！」

這話多麼深沉！

他去世已三十五年，由於人格的完整，令我常常想及。我與子豪先生第一次見面，十分偶然。那時我在金門當兵，四十七年端午節，我請假到台北參加慶祝詩人節大會，中午十二時趕到會場——中山堂，剛好大會餐開動，我帶了金門高粱酒，深受與會詩人的歡迎，特別是紀弦先生，幾乎為之三呼萬歲。紀弦先生要我與他同桌，旁邊坐的恰好是子豪先生，他笑著說：「你來得正是時候。」然後自我介紹：「我是覃子豪。」

我慌忙站起身，彎腰致意，說了「久仰大名」這句俗氣話。當我坐正身子，子豪先生已為我夾來一塊雞肉，說：「快吃快吃！」而紀弦先生則品著高粱酒，不斷讚美：好酒好酒。這使我印象深刻。

餐後大家握手話別，我與德星（楚戈）、羅馬（商禽）是舊識，他們邀我去找秦松，然後四個人再安排晚上的節目。但當與子豪先生話別時，他緊握我的手熱情的說：「到我那裡去喝咖啡，我那裡有很好的唱片，還有德星、羅馬，你們一起來吧！」

子豪先生的邀約，我怎敢推辭。但我在想，他怎麼不說到我「家」裡，而說「那」裡？等到達位於中山北路一段某條通的住處，我才明白，子豪先生沒有家眷，住的是公家宿舍。

我在子豪先生「那」裡，接觸到貝多芬的《田園交響曲》以及葛里格的《皮爾金組曲》，而喜歡上古典音樂。子豪先生花了不少錢在購買古典音樂唱片上，就那時經濟狀況來說，是有點奢侈的作爲，何況，咖啡也是舶來品，價錢不便宜。但這麼一些享受，對子豪先生來說，根本不算什麼；因爲，他的詩以及作爲詩人的眞摯，應該有更多的享受，更充實的生活待遇才對。再說，就這麼一些享受，他還讓我們這些不講禮數的毛頭小伙子一一分享。

子豪先生心地寬厚，甘於清苦。

我回金門後給他寫信，稱之爲「子豪師」，他回信要我別這麼稱呼，因我加入「現代派」，紀弦先生才是老師。我尊重他的指點，往後多次通信，都稱「子豪先生」，他則直書「辛鬱弟」，署名「子豪」，信中每多嘉勉，特別是「八二三砲戰」發生後，更關心我的安危。我在砲戰中經識人生最壯烈、冷酷、悲喜交集的一面，詩風轉向明朗，子豪先生讀了那些作品，鼓勵有加，但也坦誠告誡：「不可太公式化，太露的詩會失去眞意。」

我獲益的何止這些，他還要我寫小說，記錄戰爭中的所見所感，努力發掘人性的多樣。在來信中，他說：「你寫了小說寄給我，我來介紹給中央日報、聯合報、徵信新聞報。」子豪先生人緣好，當時各報的副刊主編，他幾乎都有些交情。但我沒有請子豪先生轉寄小說稿，後來我在各報以「古渡」「向邇」「丁望」等筆名發表小說作品，子豪先生得知，對我更多嘉許，有封信上說我「有骨氣」。其實，我這是從他身上學來的；子豪先生看似溫和，實則非常有個性。在病中，談起抗戰後期在福建、浙江、江西一帶奔波，編報、寫詩、宣傳抗日戰爭的神聖意義，他總是一馬當先，不知疲累。他是「戰幹班」出身，有好背景，然而他從不自恃背景硬，只認眞而默默地幹。勝利後，不少同學騰飛起來，子豪先生一身清冷，沒幹上「長」字輩官位，後來拋家別妻來台灣，吃公家飯，無權無勢，但他無所求，志在寫詩，並爲詩播種。

子豪先生自述這些，神情肅穆，偶爾也自嘲一番，苦笑著說：

「我個子不大，骨頭卻硬，又重。所以跑不快，總落在後頭。」

我說子豪先生你走在人前，他聽了很高興的說：「你是指這些年我爲詩所做的一切吧？」我說主要是子豪先生你寫的詩，他不說話了。但我堅信他承受得起「走在人前」這句話：作爲我的前輩，我學習上的精神導師，子豪先生無論在人格與事功上，都是無愧的，他的多篇詩作，已列入詩史。

想起尼洛

「長官好！」

「少來！」

「老大哥好！」

「這還差不多。」

退伍以後，每次見到尼洛（李明）總會有這麼一段對話。

我認識小說家尼泥在先（從作品上），認識長官李明在後。

不記得是那一年，但在國軍第一屆文藝大會召開之前，是可以確定的。我經由已故詩人羊令野的引介，參與了國軍第一屆文藝大會的前期作業，地點在台北市羅斯福路一段聯勤招待所（現在是一幢十一層大樓），報到之後，碰見了田原（已故）、朱嘯秋、朱西甯（已故）、葉泥、朱星鶴等多位我敬重的作家，然後在午餐時分，見到了李明。那時他官拜史校，比我這兵頭將尾的准尉大了好幾級。我向來有怕見大官的毛病，但是見到穿著筆挺軍常服，肩領章擦得雪亮的李明他那一臉笑容，並且又知道他就是「近鄉情怯」、「吉他與心愫」的小說家尼洛，我變得一點也不膽怯了，何況，他竟是我剛剛調過去服務的心戰總隊廣播中隊的隊長。

我們開始識時並沒有多作交談，尤其他可說是我同吃一鍋大鍋飯的長官，便不免有點區隔，不若我與一夫、楚戈、張拓蕪、依穗等，不分大小的玩在一起。慢慢多了接觸的機會，特別是在營房外依穗租住的小屋裡，幾個耍筆桿的天南地北起來，或者手談一番時，所有的區隔全沒了，那時候他是道地的老大哥，總是條理分明的談問題，心平氣和的說從頭……我對他的尊重，便也與日俱增。

我一直沒有直接歸李明領導，在林口四年多，去了金門一年多，做了一年半文書官，另外一年半，我因為染患肺病，申請在營外自行治療，為了有錢買藥，我接了「光華電台」兩個節目的撰寫工作，這才算是間接的受到尼洛的領導：而實際上，他卻多一份常常來探病的長官差事。記得有一回，我正以一種異常的療法（蹲在一口缸裡泡冷水）治病，李明來了，看見我赤身露體的樣子，他比我更吃驚，問明白原因，他雖然並不完全接受這種異常的療法，卻不得不說：

「快入秋了，天氣轉涼，你泡冷水的時候千萬別受了風寒。」

這之後，他差不多每隔一周來看我一次，坐談四、五分鐘，這分盛情厚意至今難忘。

後來他榮調國防部，我的肺病也日見好轉，第二年開春，蒙一夫兄引介，我由林口調到台北市吉林路上一個臨時編組的軍事單位，參與對大陸的心戰工作。

五十年代後期，李明參與「中華電視台」設台的籌備工作，有意把我引介入籌備處，但格於我在軍中階級低，又沒有什麼學歷，未能進入，他曾爲此憤憤不平，我感謝他的好意，更感謝他知我識我，認爲我是一塊可用之材。坦白講，我之以後有多次機會進入公家機關做事加以拒絕，甘願拿半薪甚至四分之一薪水幫一群大學教授辦「科學月刊」，就因爲當初被華視籌備處排拒的關係。如今我已從「科學月刊」退休，三十年來，欣慰的是受到了尊重。

李明待人寬厚，最懂得予人適度的尊重，尤其是對幹過軍人的作家朋友，他深切了解這群人在軍中成長的過程；他們是如何作著內心的掙扎？如何鼓足勇氣突破環境的禁制？如何去接受同袍的另眼相看？如果碰上了一個橫蠻的上司又要如何對何如何忍受可能的責罵體罰？這一切的一切，李明是過來人，他體會過，所以，他尊重別人。國軍推動新文藝運動，當初要是多幾個李明這樣大度的推動者，到現在，恐怕會有一番更好更完善的榮景。

我與李明最接近的一段時日，在七十年代，他是青年寫作協會値年理事、理事長，我是理事，我們常在協會舉辦的活動中見面，也在會議桌旁相見，常有機會對文壇現象交換意見，在他分析事理的專注情態中，我發現他對文藝的摯愛，但也有對現實中某些現象的憂慮。如今他已大去，我更發現，他所憂慮的文壇現象，正一一浮現，例如：老中青三代對事物看法所形成的代溝、寫作材料的濫墾濫挖、狹義的本土意識等等。

「長官好！」

「少來！」

「老大哥好！」

「這還差不多。」

我又想起了好長官李明，老大哥尼洛。

對李抱忱先生的一些印象

「你儂我儂」這首歌，差不多誰都會哼，曾經有個年輕朋友對我說：哼這首歌，像含一粒水果糖在嘴裏，甜甜香香的，不但潤喉沁脾，而且回味無窮。

這就是美，極平常的美，然而雋永，討人喜歡。

而今創作這「討人歡心」的歌曲的人，離開了人世，雖然這歌曲會不斷被人哼唱，但他是聽不到了。

我雖與李抱忱先生只有兩面之緣，卻深知他是値得大家敬愛的一個人。兒時，在重慶，千人大合唱不僅開風氣在先，而且對民心、士氣的鼓舞幫助甚大。那年我才八歲，剛從上海逃難到重慶不久，這天（不記得是何月何日），父親牽著我的手去聽這千人大合唱，場面壯觀極了，歌聲響澈雲霄，我只見一人背向聽衆，使勁的揮著手臂，像鵬鶴的展翼，我聽不懂歌詞，但小心靈卻起著震動，歪過脖子，仰臉看父親，他正在擦著眼淚。

父親是一個輕易不流淚的硬漢，他爲什麼哭了呢？當時我甚不瞭解，如今我已經完全明白，只奈不見父顏，已三十一年。

這是我對李抱忱先生的第一個印象。

隔了許多年，我幾乎已經忘了重慶那段時日的生活情形，在報紙上看到李先生回國定居的消息，這期間我也在「傳記文學」上談到李先生的文章「山木齋隨筆」，那次千人大合唱的印象，遂又活了過來。

李先生回國，雖說是「定居」，卻不是來安享餘年的。他是來爲建設中的祖國，帶一份珍貴的禮物來的，這份禮物，是建設中的祖國所需要的；它不僅可以激勵大家的鬥志，而且還可以陶冶大家的性情。雖然，在李先生未曾歸國前，國內音樂的風氣已很興盛，各地、各學校也幾乎都有合唱團的組織，但李先生的熱情，卻使合唱的風氣大開，國內的每一角落，幾乎都響起了嘹亮、雄壯，呈示著一千七百萬人高昂心志的歌聲。

我是音樂的門外漢，但從小就喜歡獨自哼哼，尤其民謠小調，幾乎成了我解除生活疲累與工作緊張的一種藥劑；我發覺，如果我連續三天不哼哼，準是病了。因爲喜歡哼哼民謠小調，我曾被工作單位的主管，屢次在同樂會上命令登臺「獻唱」；我雖五音不全，在「命令」之下，只好硬著頭皮上臺。一天，我上臺後，竟發現長官旁邊坐著一位笑容可掬，穿西裝的人，誰呢？大概是更高級的長官吧？我猜度著，不免心寒膽怯。不過我還是拉開嗓門，唱了「一根扁擔」與「李大媽」。

臺下掌聲熱烈，有人叫「再來一首」，我看看那位「更高級的長官」，他拍掌拍得好起勁，心想：再露一手吧，這是表現的好機會。於是我又唱了「不到黃河心不死」，然後鞠躬下臺。

我萬萬沒有想到那位「更高級的長官」竟會站起來跟我握手，並且嘉許的說：「你唱得很好！」一時怔在原地，不知所措。幸而下面一個節目——多半是任處長的平劇清唱「女起解」——上了場。

晚會結束後，長官叫住我，把我介紹給那位「更高級的長官」，等我向他敬了禮，不容長官代爲報名，他笑著報出自己的名字：「我是李抱忱。」

什麼，李抱忱？我嚇了一跳，這是怎麼回事？李先生怎麼會到我們單位來，來做什麼呢？不待我問，其實，我也沒有發問的權利，李先生笑著說：

「你是南方人吧？」

我又不解了，李先生怎麼會知道我是南方人呢？後來我才明白，他是從我唱歌的發聲吐音上聽出來的，這不能不叫我佩服。同時，我也得知，李先生到我們單位來，是因長官是他的小同鄉，且還是遠房的晚輩。

那天長官還介紹了我的另外一個身份：「詩人」。李先生知道後，問我有沒有出版詩集，寫的是那一方面。我說：

「新詩，現代詩。」

李先生聽後，搖搖頭說：

「現代詩我不太瞭解，希望找個日子跟你討論。」

然而這個日子已經不會再有。

在那天短短的幾分鐘，李先生一直是笑容滿面，親切感人的，而我卻十分緊張不安，以至未曾把八歲時在重慶聽大合唱的往事，向李先生報告。

這之後，我曾想做一個合唱隊員，親炙李先生的教導，卻苦無機緣，而且，也不曾再看到李先生。

去年，有一天我到中國電視公司去接洽公事，出了門，在仁愛路的一角，竟看見李先生獨自緩緩走來，我迎上去，恭謹的向他鞠躬，叫道：

「李先生，您好。」

「你是──」他楞住了。

我正待報名，他想起來了：

「噢──我記起來了，你是會唱民謠的詩人，叫辛──辛鬱，對不對？」

然後他笑問我的生活近況，還一再提起我唱的「不到黃河心不死」，很有韻味。我感動於他的溫厚及他的記憶力，本想向他要一個地址，準備專誠討教，結果卻因不善言辭，而未說出口。

我們只談了不到三分鐘，就握別了。我看著他緩緩移動的身影，忽然想起八歲時在重慶聽千人大合唱的光景，心中有無限感慨。

以後我沒有再看見這位親切的長者，而「你儂我儂」這首歌，卻幾乎天天聽到，當然這首歌並不是李先生一生的最高成就，而我也沒有能力把李先生爲創導音樂風氣所做的貢獻加以評述。在這裏我記下對李先生的一些印象，只因爲他是一位和靄可親的人。

話說商禽

有那麼個人，說不上原因來的，在我的印象裏，總是來來回回的幌。對於他，有些地方我很服氣，有些地方卻不然。譬如說下廚房，他的那一道甘藍牛肉端出來確是上品，可是換上糖醋排骨或者紅燒肘子什麼的，他弄出來的味道總不如我。不過論刀法，他是夠格稱得上「師傅」的，所以，他那份耐性便被朋友當作人品上的一項特點；且在寫作上尤其叫人心折。

總在十九年前（也許已經滿了二十年），在一個集會中，我碰見他。那個集會是前輩詩人紀弦召集並主持的，主要是宣佈「現代派」的成立，並且讓「派」內的「同道」見見面，彼此熱絡熱絡，建立起交情。當時的我是上等兵一個，土頭呆腦，在寫詩這條道上初學乍練，所以侷處會場一角，楞瞧著別人有的如穿花蝴蝶、有的把臂握手、有的滔滔不絕，簡直有不知身在何處之感。

這樣的我本該是怎麼來怎麼去，而事實不然；正當我僵得形同木雕，一個跟我差不多體型與年齡的小伙子，把他那一張娃娃臉上的笑意，慷慨的擲了過來。

「我是德星，姓袁，袁世凱的袁，袁德星。」他大方的伸手，自我介紹，並且在聽我報出名號後，向距離他十步之外的一個身材與年紀同我們差不多少的人招招手，喊出：「喂，羅馬，你來一下。」

羅馬（他就是如今的商禽）過來了，自然是笑容可掬的。於是，我們握手、說話，等到會議開始時，在經過這番「周折」之後，我不再怯場了。

說實在的，當初我對羅馬的印象並不如對德星的深。主要原因大概是他顯得過份的老成。這是性格使然，他不太喜歡說些沒用處的話，總希望話一出口，有點用處；所謂「言之有物」也。拿他的寫作來說，情形也是如此，他不多寫，要寫就寫出個什麼來。對於他這份「癖性」，我倒是十分欣賞；只恨自己怎麼也做不到。

在寫詩的朋友當中，當年從他的談話中得過好處的，算來並不乏人。他除非不說，要說就得說個夠，說出些道理來。譬如對於繪畫，像李錫奇、顧重光、姚慶章、秦松，這些已經建立各自風貌的畫家，都曾經聽到過商禽對於繪畫的見解，並且對他在這方面的認知程度之高，不能不表示驚異。

商禽確有多方面的才具；對於詩、文學、藝術，乃至園藝、烹飪等等，都很有那麼一手。但是，他的知名度不高不廣，他把自己藏了起來。這是十分不易被理解的，藏起自己幹什麼呢？為什麼不多寫一點，把自己的觀念寫出來？關於這，有極強烈發表慾的我，從對他日常的觀察中發現，其因大致是這樣的。

他不認爲文學如同生活上的一般事物，有「現成」的價值；可以論斤計價的那些作品，除了「論斤計價」之外毫無價值。所以，做一個詩人也罷，一個小說家也罷，你的理念不該建立在「現成」的價值上。

其次，也許是少年時代，乃至青年時代那一段不平常的經歷吧，也許作爲這一代中國人的共同體驗吧，他不認爲有什麼「完美」可以被尋求出來；甚至用詩這一工具去尋求。

再其次，就該歸罪於他的疏懶。他雖然不能滿足於現狀生活，卻不拿出點心力把它推倒，於是，拖過一天又一天，內心裏雖還存著那麼一個「改變一下吧」的念頭，行動卻總是遲遲。

作爲朋友——而且稱得上是好朋友的我，早想拿這「再其次，……」的一點，對他來一番責難；但當一想到「那又如何？」，唯有把話再嚥落肚內。

上面說的商禽只是他這個人的一部份，別人讀來也許乏味得很，所以我得轉過筆鋒，談點別的事情。

你如果要問商禽長得什麼模樣，我要請你回想一下看過的電影，他有一點像墨西哥諧星康丁法拉斯，而且，他有點嘴歪。當然，對大街上走過的絕色美女，他也會「眼斜」

一番。

不是個樂天派，但也不作傷感狀，最常用的口頭語是：「我說吧！」。對於吃點什麼，他實在很精。早些年，我們一夥人都還稱孤道寡，差不多每個假日，總要「臭」在一起。各人掏出口袋裏的錢，點清數目，然後就由他打點。

我們常去的地方都不高級，然而卻個個都能盡興；臉喝得通紅、肚子漲得如鼓。這時候，他不免又要自鳴得意一番。

「怎麼樣？我帶你們到這兒來，很合算吧？要是聽冷公的，能吃得這麼舒服？」

這倒是句實話。「冷公」是我，我的壞毛病是喜歡擺派頭，不實在，而商禽這人實實在在，所以他較我多得不少實惠。

我們這一夥，從先後娶妻生子以來，雖未星散，卻較少相聚，尤其是「木公」秦松，到美利堅闖蕩之後，即使相聚，也少一人矣！想當年，我們卻是焦不離孟，孟不離焦，三五日不見面，便會想之念之，幾乎到了茶飯不思的地步。

這一夥最常在一起的，是商禽、德星、秦松、我，有時還加上愁予，李錫奇和高麗棒子許世旭。一碰頭，窮扯瞎聊之後，也會正經起來，評估評估某人的作品，或談談讀過的某一名著。

通常，在這種場面，我的話最少，而且也不在聽了某人的意見之後臉部起什麼變化，因此，這「冷公」的綽號就歸我獨享。

不能說只有我一個人獨享「代名」之樂吧？於是，一夥人彼此交換「神秘的眼色」，挖空心思想爲對方「創造」一個恰到妙處的綽號。結果，腦筋還是商禽動得快，他先是一陣「嘿嘿」，接著便說：

「德星你這個人，看來一團和氣，瘟瘟的臉相，容易讓人親近，其實你心裏別有一番打算，所以這『瘟公』二字，你是受之無愧。秦松嘛，我封你爲『木公』，一來合上大名的拆字格，二來你有時確像木頭一根，不夠精明。至於我自己，你們可以叫我『不正公』……」

「不正公」也就是「歪公」，這有兩重意思，一是他的嘴歪，在取其形；二是歪主意多，歪腦筋動得快，在取其質。

「歪公」的「歪」，只是那些無傷大雅的「歪」，就他的心地來說，卻是個正派人物。他待人以誠，極少作無謂的誇張，偶而貪杯，也不會失態的咒這罵那，說別人的不是。

他不喜歡拐彎抹角的說話，直率得常常因爲一句話令聽者不快。不拘小節到讓人以爲不解「禮貌」二字。而在某些場合，他也會逢人握手，「虛僞」一番，骨子裏未必樂意，所以說，他有幾分傲氣。難得看到他穿套上下同色的西裝，他的那雙鞋子總像是那個垃圾箱檢來的，當然，他從不擦髮油，不會給你「儀表堂堂」的印象。至於對待「臭味相投」的朋友，那臉上的笑意看來雖有些「歪歪斜斜」，卻是最實在的。我只看到他發過一次脾氣，然而他這半生當中卻受過不少氣。

十五歲那年，抗日戰爭已進行到最後階段，他從家鄉（四川珙縣羅村）跑出來，在二〇三師六〇九團補了個上等兵缺額。小小年紀，卻滿懷壯志，想去打鬼子，結果卻被鄧錫侯的部隊在成都街頭不分青紅皀白抓了去，關在軍法處，又硬要他留在鄧部，做一名什麼「子弟兵」。他不甘心，趁一個月黑風高之夜逃出來。想到鄧錫侯部隊的土匪作風，他憤憤不平，決心去考憲兵，等到有一天能一展身手，定要將鄧部的土匪作風整飭整飭。這個「宏圖」結果落了空。從憲兵訓練班學成，他被派到廣州，其時抗戰已勝利，在廣州有很多美國兵，所以做憲兵的除了維護軍紀，調解軍民糾紛之外。有時還得辦「洋務」。在那情形下，逼得沒辦法，他終於學著說洋話。當時一起考憲兵，又一起分派到廣州的，如今在台的還有不少位，其中之一是水墨畫家徐術修。據徐說：羅燕（商禽的本名）這傢伙聰明過甚，鬼點子特別多，在廣州那段日子，可沒吃什麼苦。

可是，苦的在後面。三十八年，部隊被打散，此後一年，他與幾位伙伴，從廣東到湖南，從湖南到湖北，又轉到四川，再到貴州，一路上風險重重，挨餓受凍，活像喪家犬。好在他意堅志定，在貴州，終於打聽到老單位在雲南，於是又一番跋涉之苦，到了昆明。

那時他還二十不到，人生閱歷卻倒不薄。有一點是他極興奮時常脫口而出的：

「不是我羅某人吹牛，共產黨的那一套，我在十六歲的時候就已經看穿了。」

這話不假，他在尋找老單位四處奔波的那一年，曾與一起同生共死的伙伴，確實明白的打出反共旗號，走到任何地方，只要得著機會，就做一番反共宣傳。如今他仍堅決反共，因爲共產黨只有他們自己要說什麼就說什麼，要怎麼做就怎麼做的絕對自由，而他們的人民卻連不說話的自由也沒有。

他是三十九年從昆明隨部隊來台的，初在台北，然後赴金門，四十九年離開憲兵單位調到外語學校當文書，在那裏他利用空暇學法文。許是天性，他這人對於「服從」一詞總覺得難以接受，這使那些長官們認爲他有那種「不馴的野性」，而屢屢找他些麻煩。之後，他便不能安於文書那差事，在五十六年被近乎「流放」的調到台東，待命退伍。

那段日子他吃了不少苦，一面是日夜守望著一片蒼茫，一面是心中充塞著相思之情，爲了安家，他學作漁人，在浪高一丈的台東海濱。撈那一尾尾魚苗，卻換不到多少鈔票。後來，總算退伍令下，他本想在高雄謀事，卻未能從願。一次到台北，在不少位文藝界朋友合資開設，最後大賠其錢的「作家咖啡屋」，聽從一位朋友的勸告，幹起「跑單幫」這一行。

搭夜快車，三五天南北來回跑，賺不到幾個子兒，這份辛酸只有少數朋友知曉。他曾經「長頸鹿」（「長頸鹿」是他的早期代表作，曾被譯成英、德、日、韓文）過；也曾經「鴿子」（「鴿子」是他的中期代表作）過，都不曾這般無奈，弄得自己什麼也不是。

之後，放棄這行業（他說：「我不是做生意的料子。」）舉家北遷，經朋友幫忙當助理編輯。不久，又經朋友推薦，加上作品的經得起考驗，他飄洋過海，去了美國愛阿華大學，做了兩年的研究。

返國後，現實生活有了不少改進，但在寫作上卻依然疏懶如故；說句江湖人語，那叫做「光說不練」。

坦白說，我對他不多寫點，覺得實在是他生命的浪費。不過，他或許在寫，或許已經寫了不少。如果情形眞是如此，那麼，這顯然是我對他還不夠瞭解。這樣的話，我還多說什麼呢？

管管編書

管管打電話過來說：「辛公，我要送你一套書。」

我頗感意外，探問的說：「老小子，你不是剛不久才出版一本詩集二本散文嗎？難道愛荷華一趟回來，文思泉湧，又有新作？」

管管這人極富戲劇性，幾乎可讓我從話筒中看到他的表情，沙啞著嗓門說：「不是啦，老弟，是我編的書。」

我說：「卻之不恭，你老哥有心送，我當然用心讀。不過，事先聲明，我最近身患『五十肩』——」

管管打岔說：「啊！你老弟也已年高五十？眞是歲月不饒人！」

我說：「你聽我說完，我近來肩、臂酸疼，情緒不好，但願讀你所編的書，能減卻幾分『五十肩』帶來的非病之痛。」

管管說：「這個——你還是多做運動吧！我有切身經驗，甩手運動最管用。」

我說：「不談這些。我要附加聲明，讀書歸讀書，我不一定寫些什麼心得、感想之類。」

管管毫不遲疑的說：「老弟，看著辦。」

電話掛斷，我想：管管的外貌以及行爲表現，雖有文人的不羈氣味，卻多少給人一種粗野之感，而編書非精細不可；照這個「定律」看來，管管會編出什麼樣的書呢？這不是「門縫裡看人」，何況，管管長得高高壯壯，看不成「扁形」的。我之所以如此動念，是因爲管管其人，我知之甚深，他能寫、能畫幾筆、能唱幾句、能演幾場、能說能笑。只是，在編書這行當上，還缺幾許火候。所以，我抱著「等著瞧」的態度；坦白說，對管管編的書，並沒有寄予「厚望」。

第二天，我到南門市場請跌打損傷醫生診治「五十肩」回辦公室，厚厚一包書赫然出現在桌上，還沒拆封。我就自言自語：「乖乖，份量眞不輕！」

一拆封，眼前一亮，我又自言自語：「好傢伙，還眞豪華！」

等到拿起其中一本，順手翻閱一遍，我第三度自言自語：「眞是高級！」

就這句話，有二層意義，一是出乎我意料之外，一是這書實在不壞。於是，我不得不第四度自言自語：「想不到管管還眞有一手！」

但是，儘管想一口氣翻遍這套書，在辦公室裡，總有點不好意思，我就把它包妥，準備帶回家好好品味。

這套名之爲「現代人新知系列」的叢書編得極富包羅性，這說明採用的是「計劃編輯」。六本書各屬一個類別，它們是：

編號一：「地球上的生命」，屬「自然」。

編號二：「美容與美姿」，屬「健康」。

編號三：「音樂之旅」，屬「素養」。

編號四：「春江花月夜」，屬「欣賞」。

編號五：「觀人術」，屬「心理」。

編號六：「文明的腳印」，屬「人文」。

對這樣的分類，是否合乎圖書分類學的原則，我毫無研究，不夠格表示意見。但是我很喜歡，所以我建議，以後不出書則已，要出書，就得依此分類，甚至擴大之，使能各書自成一個「系列」。

我在六本書中，讀得最感興趣的，並不是那本詩畫集「春江花月夜」，這是因爲書中的詩畫，大部份我都讀過（當然是零零星星的讀）。我的興趣集中在「觀人術」這本非常微妙的書上，因爲書裡面告訴我很多活到五十歲還不知道的東西。讀這本書時，我覺得外國人做學問的態度的嚴肅，很令人敬佩；他們以科學的、客觀的求眞態度，觀察人世而實驗分析之，其結果不能不令人信服。

讀著讀著，我禁不住撥通電話，對管管說：「很精彩，我先恭喜你。」

管管說：「你『先』恭喜我，這麼說，你後面還留有一招？」

我說：「不錯，我要寫一點非書評的書評，介紹介紹編書人的酸甜苦辣。」

管管說：「你是說，要談我管某編書？」

我說：「眞是如此。」

管管說：「這樣不行啦——」

我搶問：「爲何不行？」

管管誠實的說：「編這套書，非我一人之功，上有發行人，背後有顧問，左有編輯組，右有美工組，加上原書作者、編選者、翻譯者，沒有他們，我行嗎？」

我說：「這當然。不過，你身爲主編，出力不少。」

管管壓低聲音說：「老弟，你明白，我還在學，年紀一大把，學起來眞吃力。」

我說：「有這樣的成績，足堪自慰。」

管管說：「還得加馬一鞭，才能奔上山頂。」又說：「抱歉，有事要辦，老弟要寫，筆下不必留情。」

既然管管有此「筆下不必留情」話頭，我便要放落交情，「橋歸橋」、「路歸路」，挑挑這套書的小毛病。

第一全套書裝幀不一，五本用從左到右編排。一本卻從右到左，六本書直立，看書背毫無毛病，如果攤開看，就不統一，看了不是味道。其實古詩亦可採從左到右橫排，讀人不會倒著讀它，何必拘泥？

第二的封面太鮮艷一些，書名等等顯得不突出，老花眼的人非得湊近才看清，擺在書店書攤，恐怕對年長顧客減少吸引力。書裡的彩印部份，似乎還可以要求印得更精美。

我不挑內容上的毛病是因爲我學淺識薄，很多方面我不懂。不過，我覺得這套書有很高的可讀性。

管管編書，他告訴我的甜酸苦辣是：一、根據市場調查資料，策訂編輯計劃，而市場多變，計劃得跟著數易其稿。二、請人寫或選書請人翻譯，爲了符合企業化經營原則，要訂出進度。所以催請完稿交稿，很是頭痛。三、請人設計封面、配圖，展開實際印製作業，更要依據進度表，延誤不得。四、書問市，替老闆耽憂銷路問題，更重要的是，知識分子圈內的反應與反映，要特別留意，供作以後參考。五、想到自己是一個叢書編輯人，對社會有責任，內心惶恐不已。

我給他加上第六條，我說管管你是現代詩人，是演藝人，你有相當高的知名度，現在你當上編輯人，你心裡在想，你編的書，可不能砸鍋！

拉雜寫來，博君一粲，管管編書，到此打住。

老友，你好走！

放下話筒，忍住淚，那頭是好友商禽，我們都稱得上是硬漢，而此刻，我變得軟弱了。

我會大哭一場的，四十年的朋友，還有誰比這更親？

我們這群人都是吃戰爭奶水長大的，亂世促成早熟，我們在十四五歲的時候就懂得照料自己，盡量使自己受最少的罪（多麼不易呀！），得著人生滋長最多（當然不可能最多但我們卻阿Q式的以爲得著最多）的養分。這群人早年都幹著相同的行業；有的當軍官，有的做士兵，卻都在基層，因此而經識生活，了解活著是怎麼回事。無所謂受侮辱或受迫害，就當這些是跟長頭髮長指甲或長高是同一件事，這便讓我們對人世採取了親切擁抱的姿態；我們熱愛生活，熱愛周遭的一切，即使某人曾頤氣指使，某人曾揮過鞭子，我們以自己的經歷教育自己成爲一個個人道主義者，一個個關愛生命的詩人。

梅新，他是其中的一個。

十三歲從家鄉——浙江西南部一個山城出來，跟隨外婆與當軍官的舅舅四處飄泊。

唸過小學卻什麼人情世故都不懂，一頭栽進了戰火中。八二三金門砲戰前一年，梅新是個下士，幹著文書工作，在金門東部鵲山附近的一個單位服役，我那時是上士，在金南埕下駐營，兩地相距不遠。我們經由前輩詩人紀弦的引介，得知彼此在金門服役。梅新患有鼻炎，我第一次去探訪時，他正在用鹽水洗鼻腔，呼嚕呼嚕的。看他痛苦的樣子，我傻楞楞忘了作自我介紹。但我們一下子就交上朋友，是緣份嗎？我覺得那是基於我們有共同的命運。

我深知梅新不屈從命運的個性，他在沒有任何關係沒有絲毫助力的情況下進取，考上了「師資班」，由此脫掉了軍服。我那時由上士升爲准尉，從步兵單位調到了勤務支援單位。我們常通信，他告訴我花蓮的純樸與美麗，是一個學習的好環境；意思是要我也考一考「師資班」。我另有打算，第二度去了金門。等我一年半後返臺，他已經受訓期滿分發到臺北縣石門鄉石門國小阿里磅分部當教師了。我去看他，睡在乒乓球桌上，第二天早餐，爲我加了二個荷包蛋；我永遠記得，他強迫我吃蛋的那一幕。

「吃，吃！趁熱把蛋吃掉。」

「一人一個，」我說。

「全是你的，你需要營養，吃十個都不夠！可惜，小雜貨店還沒開門，我只剩了兩個。」

按他的個性，如果小店開著門，他眞會煎十個蛋給我吃。

在阿里磅，他決定考大學，並且立刻付諸行動。他始終是個行動派，如願考上淡江法文系，覺得對未來的發展無助，就轉文化新聞系，後來他果然在這條路上拓出發展空間。

他先後幹過「幼獅文藝」主編、「文化復興月刊」編輯、「臺灣時報」副刊主編、「聯合報」校對、「民生報」編輯到「聯合文學」叢書主編、正中書局編譯部副總編輯、再一直到「中央日報」副總編輯兼副刊主任，近年調任主筆。經歷的豐富，是我這怯於跳槽的人萬萬不能及的，更可貴的是，他的確做了不少事。這大概跟他始終想做一個文化人、一個詩人有關。

在「文化復興月刊」工作時，他同朋友合辦「雕龍出版社」，什麼書不可以出，他竟然冒險將落在「匪區」（當時對中國大陸的官方稱謂）的一套書——「新月月刊」給翻印出來，幾幾乎因爲「通匪」而坐牢。出了事情並幾經波折擺平後，雖然心中憤憤，卻不能不接受事實，把所有印出的「新月月刊」收進倉庫。我後來問他爲何冒險？

「那裡面太多好文章。」他說。

他是「聯合文學」能夠出版的始作俑者；由於他在聯合報系內部刊物上撰文提出建議，「聯合文學」誕生了，很可惜，他沒幹上總編輯，不然，一定如魚得水，大展長才。

到正中書局後，他規畫了一套叫座又叫好的叢書，側重文史。又動了腦筋，一手策劃並辦出了「國文天地」。那時他有意要我去幫忙，我因爲對推廣科學、搞科學普及興致仍濃，沒答應去；失去了跟他共事的機會。離開正中書局後到「中央日報」，我們這群人開始常開他玩笑，把他當「要人」看待，某些聚會，他一到，準有人說：「要人來了。」

梅新做「中副」主編，盡心盡力，把「中副」帶上了高峰，不僅是靜態的版面作業，他還辦文學獎，文學下午茶、每逢元宵節的文學人大聚會，辦得有聲有色，自己卻累著了，種下了病因。他曾對他說過：多寫詩，別把自己搞得喘不過氣來。

他有句慣性用語：「去你的！」這時對我用上了，我只好緘默，看他去累。去年八月，李錫奇組成畫家團去大陸，行程中有黃山，梅新、商禽，我跟著去。十四天裡，我看到了一個其實也挺愛玩的梅新，就跟他相約，往後咱們這群人，要多在一起到處走走，他說對。於是就有了今天七八月「三峽之旅」的腹案；然而，我攜眷帶子跟幾位不很熟識的朋友作了這次漫遊，梅新此時卻已經有病在身，行不得也！

實在太累了，攬太多工作於一身，梅新，你這是何苦呢？其實，最重要的，你是個詩人，從早年「現代詩」到「創世紀」，後來你發起「現代派」復刊，扛起大樑，你在詩方面的成績，遠甚於一切。如今，你那些看似「清淡」卻令人回味無窮的詩，成了絕響，我們這群人相聚時，也少了你的笑聲，梅新，你叫我怎麼說呢？老友，你好走！

讀詩札記
——自白

很久以來，我就想用淺顯的文字，寫下關於讀詩的種種，供給一般喜歡讀詩並且也學習著寫詩的年輕朋友，作個參考。這「讀詩的種種」，包括以下幾點：一、我怎樣去讀一首詩；二、我怎樣從所讀的這首詩中領略它所表現的內涵；三、我怎樣與這首詩的作者心靈交會；四、我怎樣判別這首詩表現上的成功處或失敗處？

但是，這番想法在三種情況下被壓抑著，使我一直不敢動筆。第一種情況是，個人的學養有限，我必須審度有沒有能力做這件事，能不能做好這件事；第二種情況是，個人的主觀意識，會不會錯誤的導引讀者走向一條不當的途徑，致使一首詩的價值被局限或貶低，甚或過份的高估；第三種情況是，個人的工作繁忙，是否會影響到讀一首詩時的心理，能否不間斷的做這件事？

而最大的考慮是讀詩的方法（假若有「方法」的話）決不止一種，更何況，這其間還有年齡的層次、知識的層次、感情的層次以及情緒的作用。所以有人曾說：一首詩的最高價值，唯有被完全獨立的心靈所確認。那末，我們做的這件事，也就格外吃力，並且絕難獲得讀者的認可。

雖然如此，我還是大膽到不自量力的決定做這件事，並且徵得「詩隊伍」主編羊令野先生的同意，把這件事的記錄——我把它定名爲「讀詩札記」，在「詩隊伍」寶貴的篇幅上逐期發表。

以下是關於「讀詩札記」的幾點說明：

一、在原則上，每次選讀一首詩，並以抒情的短詩爲主，每篇字數在二千字到二千五百字之間。

二、在方式上，先刊出所選讀的詩，然後對這首詩的作者略作介紹，接著寫出個人的心得與感想。

三、每篇的文字，力求平實，並且儘量避免使用專門名詞或術語。

四、決不將所選讀的詩，劃歸某一主義或門派，也不作等級的區分。

上面的說明，也是我對自己的「約法四章」，我能不能通過「約法四章」的考驗，在這裏實在不敢肯定，不過，我將盡最大的努力，接受這項考驗，做好這件我自己認爲極有意義的事。

「札記」從六十四年八月一日刊出「自白」，到六十六年十二月共刊出四十二篇，以下是其中七篇。（當事人均已去世）

楊喚的「垂滅的星」

——讀詩札記之一

輕輕地，我想輕輕地
用一把銀色的裁紙刀
割斷那像藍色的河流的靜脈，
讓那憂鬱和哀愁
憤怒地泛濫起來。

對著一顆垂滅的星，
我忘記了爬在臉上的淚。

楊喚，早逝的天才詩人，生命像彩虹一閃，給人們帶來無限的惋惜與懷念。他是在四十三年三月七日上午，由於趕著去看勞軍電影——放映的是「安徒生傳」，而在成都路口平交道，遭火車輾死的，距二十年九月七日出生，享年不滿二十五歲。他的家鄉在遼寮省興城縣，出生地菊花島，是遼東灣沿岸無數小島中的一個。

楊喚的童年生活極爲痛苦，母親早逝，父親續絃，繼母待他十分兇酷，常因小事責罵毒打，幾年中，穿的都是破鞋破衣，甚至逢年過節，也沒有一件新衣可穿。童年生活的痛苦經驗，在他的記憶中佔了極重要的地位，但是，菊花島上那段朝夕面對大海的日子，孕育成他的遼闊心胸，也激發了他的沸騰熱情，因此，在成爲一位詩人之後，他不再以自身的痛苦作爲描述對象，相反的，卻以一顆充滿摯愛的心，寫了許多美麗的童話詩。這一點，是很多詩人辦不到的，也是特別值得大家珍視的一點。

楊喚沒有輝煌的學歷，他的最高學府是社會，讀的是人生這本大書，雖然只活了二十四歲，他卻歷盡人生艱辛，具備了豐富的人生經驗，特別是戰亂中人生的種種。他很早就開始寫作生涯，並在一家報館做過校對及副刊編輯（那時他僅十八歲）。三十七年下半年，戰火瀰漫半個國土，他離開青島遠走廈門，不久，就當了兵。三十八年春天來台，由於表現良好，在部隊中由上等兵升任上士文書，生活逐漸安定下來。

他的詩大多發表在中央日報的兒童週刊上，最初是用「金馬」這一筆名，後來，認識了詩人葉泥、紀弦等人之後，不少優美的詩篇，便在「新詩週刊」「現代詩」等園地出現，而成爲當時最具潛力、最出色的一位詩人。他的詩結集出版的只有一冊「風景」。

楊喚不僅是天才型的詩人，也是一位入世的詩人，所謂「入世」，意思是說楊喚寧願置身在衆生中，作一個詩人，寫他爲衆生而歌的詩，而不願自以爲超越衆生之上，寫一些與衆生不相關的詩，這一樸實的精神，十分可貴。這一點，誠如已故詩人覃子豪先生在「論楊喚的詩」一文中所說：

「楊喚的詩內容是豐富的，是屬於生活的詩，正如他自己在『詩』中所說：『詩，是不凋的花朵，但，必須植根於生活的土壤裏。』這看法是多麼正確；因而，他的詩的內容，完全是現實生活的內容，不是虛玄的暝想，每一首都是由於生活的感受而發。」

「最値得讚美的，應該是楊喚作品中優美的風格罷，他表現思想，而不故弄玄虛，表現意識，而不流於枯燥無味的說教，他表現戰鬥情緒，不是迎合，是自己心靈的需要。」

此外，名作家歸人先生，對楊喚也曾作如下的推崇：

「所謂天才，一如世人之所謂怪傑一樣，即是他能在任何惡劣的環境下，完成他的輝煌的工程。他是創始者，而非模仿者；他是開拓者，而非守成者；他是全能者，而非偏一者。在詩的王國中，楊喚便是屬於前者的人物。」

以上簡略的介紹了楊喚；下面來談談「垂滅的星」。

這首詩在「風景」這個集子裏，並不是一首特別具有代表的作品，但由於在表現上與大部份的作品不同，個人對它乃有了特殊的愛。

我說表現上的不同，是基於這首詩的感情基礎，建立在楊喚個人的生活感受上。而且，那是非常眞摯的感情。無疑的，這份感情，涉及另一個人，而這個人，又是一位女性。因此，「垂滅的星」這首詩，是詩人的愛的告白。

然而，這愛雖是「藍色的河流」，卻已頻於「垂滅」。於是，詩人在理智的對這「垂滅」的「藍色的河流」般的愛，作了衡量之後，毅然的決定予以「割斷」。我之所以認爲詩人作了理智的衡量，是基於他在全詩的開端，動用了「輕輕地，我想輕輕地」這些冷靜的字眼，而不由於愛的「垂滅」引發內心的痛苦，採用一組較爲激動暴烈的字句，作爲情緒的宣洩。由此可見，楊喚心地的純樸與寬容。

不過，詩人雖然理智的決定「割斷」那愛，但又不免難以抑止內心的痛苦，於是，他要「讓那憂鬱與哀愁，憤怒的泛濫起來。」只是，無論詩人的「憂鬱與哀愁」，掀起多大的浪頭，它們卻衹在詩人的心中「憤怒的泛濫起來。」這也就是詩人爲什麼要在這句詩的末尾，加上一個句號的緣故。接著，詩人又冷靜下來，而寫道「對著一顆垂滅的星，我忘記了爬在臉上的淚。」

這一節詩所顯示的，有二層意義。第一層意義，從詩句的文字層面可以理解，那就是詩人雖然由於「藍色的河流」般的愛情，如今已是他必須面對的一顆「垂滅的星」，更由於這愛的垂滅，詩人的臉上爬滿了因憂鬱與哀愁而流出的淚，但是，詩人理智的接受了這個事實。第二層意義，需要深入詩句去理解，那就是詩人接受了愛的垂滅這個事實，但是在他的內心，卻有一種力量，支持著他決不因爲這愛的垂滅而跌倒，因此，詩人唱著「我忘記了爬在臉上的淚。」請重視「我忘記了」這幾個字，這不是一般人做得到的，楊喚能夠做到，並且在詩中公開宣示，這是因爲他有堅強的意志。他敢於接受愛的垂滅這一冷酷的事實，不僅如此，他更在「我忘記了爬在臉上的淚」這句詩中，暗示了他在愛的垂滅後所作的選擇；這選擇是堅定他的人生，追求更大的愛，而這些，他將以詩來表達並予以完成。

從這個角度讀「垂滅的星」，我們當不會受到標題及某些詩句的影響，而認爲這首詩是楊喚作品中表現他生命陰鬱一面的。同時，從這個角度理解「垂滅的星」這首詩，然後再讀他的代表作「我是忙碌的」，後者便更具意義了。

「垂滅的星」在語言的意象方面，也有極引人的地方，例如「藍色的河流」之隱喻「愛情」，「垂滅的星」之隱喻「愛情的破裂」，都十分生動。至於，那位被楊喚鍾愛的女子是誰，我不在這兒妄加猜測。

「垂滅的星」也可以說是一首情詩，但情詩不易寫，它須以真摯的感情爲基礎，尤其是在悲悼愛情的殞滅後，如果節制自己的傷感，使之轉化爲積極的意義。楊喚能做到這一點，足見他在詩創作上的功力之深厚。

覃子豪的「詩的播種者」

——讀詩札記之二

意志囚自己在一間小屋裏
屋裏有一個蒼茫的天地
耳邊飄響著一隻世紀的歌
胸中燃著一把熊熊的烈火
把理想投影於白色的紙上
在方塊的格子裏播著火的種子
火的種子是滿天的星斗

全部殞落在黑暗的大地
當火的種子燃亮人類的心頭
他將微笑而去，與世長辭

覃子豪先生是四川廣漢人，一九一二年生，一九六三病歿台北。早歲入中法大學，旋留學日本。十八歲時即開始寫詩，抗戰時在江西、福建一帶，從事對敵文宣工作，曾主編「掃蕩報副刊」，對振奮戰區民心士氣頗多貢獻。來台後，服務於糧食局，公餘寫詩不輟，先後曾出版集「海洋詩抄」、「向日葵」、「畫廊」；譯詩「裴多菲詩」、「法蘭西詩選」；詩論集「詩的解剖」、「論理代詩」。子豪先生並爲「藍星詩社」發起人之一，曾主編「新詩週刊」、「藍星週刊」、「藍星詩季刊」。先生歿後，其生前友好曾成立遺著出版委員會，今已陸續出版「覃子豪全集」第一、二、三卷。

從上面的簡介，我們可以發現，覃子豪先生的一生，幾乎都獻給了詩。不僅如此，他更是一位具有熱烈愛心的詩人，因此，我們可以理解，在「詩的播種者」一詩中的他，也就是子豪先生自己的縮影。同時，從這一「他」字，我們也可以發現，子豪先生的胸懷，是多麼的謙和寬容；他不用第一人稱的「我」，而移用第三人稱的「他」一方面表示他並不以「詩的播種者」自居，另一方面也表達了他對所有從事詩創作的人們的讚頌。

「詩的播種者」這首詩，是子豪先生的早期作品，雖然，較之他晚期的作品「瓶之存在」、「過黑髮橋」、「吹簫者」等，在語言的經營上，似乎尚欠綿密與精緻，然而就全詩的完整與所表達的意義來說，卻是一首代表作。這首詩的語言通曉易解，含意也十分明朗平實，更可愛的是，子豪先生絲毫也不隱藏自己的感情。

我們讀這首詩，也許會覺得它的語言太通曉易解，含意太明朗平實，以至忽視詩人透過這些語言與意象所要傳達給我們的心聲。在另一方面，我們也可能由於詩人毫不隱藏自己的感情，而覺得這首詩的表現，太過赤裸，太透明了，只是概念的陳述，因此認爲它的價值並不高。

個人覺得，如果我們從上述的角度讀「詩的播種者」，至少犯了二種錯誤。

第一種錯誤是，我們不該由於這首詩的語言通曉易解，含意明朗平實，就認爲已經從這首詩中得到了某些印象，不必再去尋求詩人所要傳達的心聲；因爲即使尋求，所得的也不過如此。這樣的讀詩方式，其實所獲得的，只是對詩的外觀生命的局部理解，而不能對詩的內在生命全面領悟。這種錯誤的主要成因，是我們只著重於對詩的語言的層面意義，未能深入語言的內部，發掘意象的美。

在這首詩中，子豪先生對語言意象化的經營，出於他眞摯的心靈；我們必須把握這一點，才能夠確切體認那意象的美。拿這首詩的第一節來說，從它語言的層面看，它確是通曉易解的，然而，若再深入尋求，我們會發掘到遠較語言層面意義更豐富的內涵，而這「豐富的內涵」，是藉著「蒼茫的天地」這一語言的意象化傳達給我們的。這「蒼茫的天地」，在詩中雖是詩人所擁有；它是那種混沌、原始、遼闊，並企待開拓。而當詩人把它傳達給我們以後，我們當會有所感悟，並發現在我們的生命中，竟也有著這麼「一個蒼茫的天地」，於是，這一語言意象發生了積極作用，詩人的心靈與我們的心靈，便在此交會。

我們從這一脈絡出發，讀子豪先生的「詩的播種者」，當不會由於它的語言通曉易解，含意明朗平實，而忽視它的啓發性，同時，也不會認爲這首詩是概念的陳述，鄙薄它的價值。

第二種錯誤是，在我們的觀念中，總認爲一首詩的表現，應當含蓄，應當給人一種意有未盡之感。這個說法是可以成立的，並且也是正確的。但是，抱持這一觀念的人，往往以偏概全，以至把所有表現得十分透明、赤裸的詩，看作不是好詩，甚至不是詩。我相信不少讀者，對子豪先生的這首詩，也會這般看待。這是不當的讀詩態度。爲什麼不當？因爲我們犯了上述的錯誤——觀念的以偏概全。

不錯，這首詩的表現確是赤裸與透明。但是我們必須明白，子豪先生寫這首詩，並不是自我的告白，他在全詩的最後用了第三人稱的「他」，即表示他已退居到這詩所要表現的域界外，而把它視爲所有詩人的寫照。從這一點看，這首詩的生命已不再局限於詩人的自我，而它的價值，也應從這一點上呈現出來，所以，我們不能因爲這首詩表現的意義的透明與赤裸，忽視它的價值。

「詩的播種者」所表現的，是一個詩人從事艱苦創作的整個過程，他不僅面對「蒼茫的天地」，並且必須忍受在「蒼茫的天地」中孤獨與寂寞，更須以「意志」克服一切。唯有如此，詩人才能本持「理想」，化自己爲「熊熊烈火」，而播下「火的種子」，在「黑暗的大地」創造光明。

子豪先生數十年持之以恆的寫詩與做詩的推廣、教育工作，他實是一位當之無愧的「詩的播種者」。

金軍的「紅葉」

——讀詩札記之三

紅葉
像文字在飛……
落在
被寒冷吹白了的雪紙上
是一首血的詩
是一篇反抗的宣言

（一九四六年十二月十一日大王廟）

金軍，是一位曾經率領上萬官兵，在祖國的廣大土地上，與日寇及共黨作殊死之戰的將軍詩人。

他本姓劉，在軍中從最基層的帶兵官——排長幹起，直幹到中將副司令官，一生戎馬，功勛彪炳，如今雖已解甲，卻仍以國事爲念，盼望著重披戎裝，躍馬中原的日子。我不知道金軍是什麼時候開始寫詩的，從手邊所有的資料來看，他開始寫詩大概在抗日戰爭初期——民國二十六、七年間，但以民國三十三年至三十五年爲創作的巔峰期。這時期的作品，部份被收集在「碑」及「歌北方」這二本詩集中，「紅葉」一詩，即選自「歌北方」這本詩集。

誠如爲「歌北方」詩集寫序的金星所說：「戰鬥詩人金軍，是國民革命群衆運動的戰士，是一位眞正的拿著槍桿的愛國者。所以他的詩歌在風格方面，是民族的形式，簡潔樸淳，雄渾而有力；它的形式是動的，自由的、不拘格律和教條；在內容主題方面，是含蘊著三民主義的文化觀念，所能發展的『反帝國』、『反極權』、『反階級鬥爭』的仁愛精神。詩人用革命的詩篇，去抨擊共產主義的社會制度，以崇高的理想，追求自由和眞、善、美。」

不僅如此，個人在誦讀金軍的作品之後，還進一步的發現，金軍的詩，雖然充滿了戰鬥的火藥氣息，瀰漫著我國農村民衆內心的痛苦呻吟與悲憤的吶喊，但在文字技巧上，並不流於口號的形式。相反的，他的詩在語言表現上，充滿了抒情的意味，這種抒情性的表現，讀來令人回味無窮，由此，可以看出金軍在詩的創作上，曾經下過很大的功夫，而不是隨興之作。

戰鬥詩難寫，其難在不流於口號形式；戰鬥詩以抒情的筆調來寫，則尤感艱難，其原因在於戰鬥與抒情這兩者之難以調和。然而金軍卻克服了重重困難，使他的詩，一方面強烈的表達了戰鬥的意念，一方面又充滿了抒情的意味。

作爲軍人與詩人，金軍先生不僅是我的長官，也是我的前輩，我雖無機緣面謁這位長官與前輩，但卻願學習他的風範，使我的詩如同他的詩一般，經得起時代的考驗。

在「歌北方」詩集中，金軍以生動的筆觸，刻劃了我國北方的鄉野，那肥沃的土地，那淳樸的民風，那嚴寒的冬夜，那莊稼與牲口，那善良的人民……一切形象都在他的筆下活了起來，呈現一幅感人的圖像。然而，那些詩都寫在戰爭年代，因此字裏行間，洋溢著詩人痛苦的情操，致使全集流露一種感情的氣氛。但是，這不是頹廢的呻吟，而是正義的呼喊，詩人是要透過這些詩篇，喚起我們同仇敵愾的心理。

「紅葉」一詩，是詩人結合戰鬥與抒情，作整體表現的一首十分完整的代表作。這首詩雖然短小，但卻有深刻的內含。在表現上，詩人採用了象徵的手法，他先以文字象徵紅葉，而給予這飄落的紅葉，具有生命的質感。然後，詩人進一步描述紅葉的飄落，由於他以白紙象徵雪地，於是，具有生命質感的紅葉，給了我們更爲深刻的印象，飄落在雪地後，就如同文字在白紙上顯現了它的意義，這紅葉蛻化爲雪地上的「一首血的詩」、「一篇反抗的宣告」。詩人借用紅葉這一個意象，深刻的表現了他對生命的感受，那就是生命的不屈與不朽。由此，我們也可以想像，這紅葉代表著北國的人民，他們在共產黨的統治下，由於不甘奴役與迫害，正在以不屈的生命書寫「血的詩」、「反抗的宣言」。

戰鬥的詩，應在意義上有多方面的表現，如此才能顯示戰鬥的全面意義，金軍的「紅葉」，在這方面爲我們提出了最有力的佐證。

沉冬的「棲留」

——讀詩札記之四

我不追思一縷夢的失落
靜觀著窗外的一片樹葉向我飄來
寒冷的風，苦澀的雨，凍結的日子
我願棲留在這痛苦的地方

樹葉疲倦的睡了
我在歌唱
幻滅的星開始垂沉
這時後！宇宙開始黎明，時間與愛同在

沉冬，姓朱，江蘇南通人，民國二十二年生。

他是一位早熟的詩人，十五歲開始寫詩，當時甚得紀弦的重視。在這之前，他的初中階段，就已經多彩多姿，不僅寫散文、小詩，而且還是辦學藝活動的能手，把學校的壁報辦得圖文並茂，由此也顯露他在繪畫上的天份。

戰亂時，他進入軍隊，當一名小兵，在操練守哨之餘，利用每一分鐘從事寫作，並將作品投寄給「野風」、「半月文藝」、「寶島文藝」、「現代詩誌」等刊物，因此，他可以說是臺灣詩壇「先行代」的一名尖兵。

從軍隊退役後，他一面工作謀生，一面不忘寫作，在這階段，他那些以短句爲主，表現一種抽象意念的詩，極獲一般人的佳評。在另一方面，他那潛藏的繪畫才能，也更爲具體的顯露出來。例如他編刊物，幾乎所有的刊頭，都是他手繪的。

在臺北工作一段時日後，他遠赴高雄，並在那兒定居下來。也許是高雄的環境，給了他更多的啓發，沉冬的寫作更勤奮，作品也更爲精緻。並且，他有用不完的精力，在寫作之餘，又負起推展南部文藝活動的責任；一方面編輯「高青文苑」這本屢獲救國團獎勵的刊物，一方面經常舉辦各項文藝座談與專題演講，使南部的文藝風氣爲之大開。

但是，沉冬是個永不對自己滿足的人。在不斷寫作，推展文藝活動的繁忙情形下，他又開始一項新的探索與尋求，那就是眞正做一個畫家。

沉冬的畫偏重抽象表現，但他深知我國繪畫——特別是水墨畫的精神，所以，在他的作品中，中西繪畫的兩種精神是交溶在一起的；這與他詩的表現也是結合著的。

他的詩，表現人的靈智的一面，遠超過對現實作皮相的寫照。有些作品中的意念，雖然抽象一些，然而，那並不是「言之無物」，他所追求的是事物的純粹性，如他的畫，線條的發展，在於將美的純粹性展露，所以，如從實用性來探討，沉冬的詩與畫，是不會把已知的結果告訴你的。但這並非不可知，這是未知，未知需要你去探索，而非舉手可得。

而這，也就是藝術的引人處。

沉冬對自己的詩曾這樣說：「詩是一種心靈的現象，是以內在直覺所呈現的聲音。由於心靈直接向世界發聲，而在生命的奧義中建立一個純粹的自我，發掘自我的人生觀與宇宙觀，創造了一個詩人絕對的世界。我寫詩完全是一種自然心象的表達，或在捉捕『詩想』的意象上比較主觀，也許與繪畫有某些關聯，由於『詩想』與『畫因』的結合，對我在創作上實有很大的影響力。」

這與我對他的看法，是頗爲吻合的。

沉冬出版的作品很多，計有詩集「古城的嘆息」、「弦柱」、「錦之歌」、「山水詩歌」等十部；散文集「泥土與哲人」、「窗的美學」、「秋草」等五部；理論集「繪畫札記」、「畫家劉鍾珣的世界」等五部；「朱沉冬詩畫集」一部。最近，他將有遠行，祝福他此行成功。

「棲留」一詩，表現上較爲明朗，沉冬寫的是自己的一種心境，這一心境，感情的成份眞摯而濃烈。在第一段的四行中，第一與第三、四行，都是對現實的寫照，我們可以發現這時的沉冬，內心是痛苦的，因爲他有「一縷夢的失落」，雖然如此，沉冬卻不因此種痛苦而倒下，這可從第二句詩中得知，因爲有「一片樹葉向我飄來」。轉到第二段，詩人感情的層次更明晰了，雖然他說「樹葉疲倦的睡了」，而他卻「我在歌唱」，這歌聲不僅是詩人對自己痛苦的一種抑制行爲，而且，它也是詩人對自己的一種信念的表白。於是，當他唱出「宇宙開始黎明，時間與愛永在」時，他那情感上的空白，已獲得充實，而那片睡了的樹葉，總將被詩人的歌聲喚醒。

羊令野的「蝶之美學」

——讀詩札記之五

用七彩打扮生活，
在風中，我乃紋身男子。
和多姿的花兒們戀愛整個春天，
我是忙碌的。

從莊子的枕上飛出，
從香扇邊逃亡。
偶然想起我乃蛹之子；
跨過生與死的門檻，我孕美麗的日子。

現在一切遊戲都告結束。
且讀逍遙篇，夢大鵬之飛翔。
而我，只是一枚標本，
在博物館裏研究我的美學。

羊令野，安徽涇縣人，本名黃仲琮，民國十二年生，在新詩的創作歷程上，他是一位詩齡甚長且在作品上具有獨特表現與成就的詩人。

身兼國軍詩歌隊隊長及「詩隊伍」週刊主編，他是忙碌的。然而，儘管爲主持隊務及編選詩刊而煩心，他卻「分身有術」，以「必也正」筆名爲中華日報、青年戰士報等報刊寫方塊。不僅如此，他還不斷寫出精美典雅的散文，如「草之廬手記」、「面壁手記」等，這種旺盛的創作力，令我自嘆弗如。

羊令野也是一位極具造詣的書法家，作爲「忘年書展」的一員，他深得莊嚴老先生的推許，同時，他所書的，都是自己的作品，而這些大多以「秋日感懷」爲主題的五、七言詩也堪稱一絕。

在今日詩壇，羊令野的舊文學修養，是很多詩人所深深欽佩的。由於這份修養，他的新文學創作，不論詩或散文，才透著古典的美，因此，他被推崇爲結合古典與現代的最出色的詩人。

他從事筆耕生涯，至今已三十多年。在大陸時期，他一方面從事軍中文宣工作，一方面寫詩與散文，曾於民國三十七年出版詩集「血的告示」，當時以「田犂」筆名出版。來台後，任職軍報社長，那時部隊屯駐嘉義，嘉義市內，有一座「六春茶館」，羊令野每天坐鎮「六春」，杯茗在手，文思源源，他的散文集「感情的畫」，便是那段日子的產品。不久，詩人葉泥南下，兩人歡談之餘，「南北笛」詩刊就在工商日報出現。這份詩刊雖只維持甚短一段時日，但對詩壇的影響卻甚深遠；因爲它曾發表不少位如今已成名的詩人代表性作品，同時它的嚴謹選稿態度及編輯方針，也爲以後的詩刊樹立了榜樣。離開嘉義，羊令野北上任職，創作不懈，先後出版詩集「貝葉」、雜文集「必也正雜文集」等，而他的長詩「舉向東方」，更常被大專青年朗誦，允稱爲劃時代的作品。

如今，這位上校詩人雖仍稱孤道寡，但有詩文爲伴，他的日子過得一點也不寂寞。此外，他是個熱心腸的人，常以助人爲樂，並對年輕一代詩人，尤加提掖，因此，他在詩壇贏得「老大哥」這一稱號。

羊令野的詩，以風格清朗，意象鮮活著稱。同時，由於舊文學的修養與造詣，他的詩在結合傳統精神方面，更有傑出的表現。不少批評現代詩的人，都認爲現代詩背離傳統，趨向「西化」。這些批評都無法指向羊令野的作品，因爲他的詩不僅源於傳統，並且經由他的表現，使詩中的傳統精神，有了新意；而這，便是眞正的「創造」。以「貝葉」這一集子中的詩來說，羊令野所展示給我們的，是一個多麼開闊深遠的境界——屬於中國人的精神世界。這一系列作品，每一首（也是每一貝葉）揭示一個境界，而這些境界，都是歷代詩人們所悉心追求的。誠如詩人瘂弦所說：「羊令野最醉心淵明『但識琴中趣，何勞絃上音』的音樂觀的詩境，在他的『貝葉』長詩中，處處可以感受到此種琴中之趣，無絃的天籟。」個人認爲，「貝葉」給人的啓示，就在於這一「琴中之趣」的追求；它將有助於我們生活的淨化。

但是，羊令野並不全然是一位抒情詩人，他的戰鬥詩也寫得十分出色，例如「舉向東方」一詩，氣勢之雄壯，節奏之鏗鏘，結構之嚴整，乃至所表現的主題之深刻，令人讀來，心魄爲之震顫，精神爲之振奮，致而領悟戰鬥的眞義。

「蝶之美學」是一首抒情詩，這是羊令野的早期作品，在他所有的作品，它是一首「小品」；但雖是小品，卻十分精美完整。全詩以第一人稱寫來，讀者當可感到格外的親切與生動。這首詩的用字遣句，圓熟而平實。在意象的營造上，也是十分的樸實，如第二行的「我乃紋身男子」，讀者極易領會。然而在第二段中，詩人卻有了一些感慨，那就是詩人體悟到蝶的生命的短促。於是，轉入第三段時，詩人要唱出「而我，只是一個標本」；也只有當一隻活生生的蝶成爲無生命的標本時，她的美才得留存。然而，那種美畢竟不屬於生命本體，它是人工化的。在這裏，我發現「蝶之美學」雖是一首精美的抒情詩，卻也是詩人的感懷。

梅新的「一顆星」

——讀詩札記之六

從窗的每一方格望出去
在窗的每一方格里
都有一顆星在閃爍
啊，都有一顆星在閃爍
我凝視著我現在凝視的
那顆星
那顆明亮明亮的星
以一種習俗的崇拜者以恆心
喂喂，別在他上面刻什麼年月呀

因爲他就是年月，年月的啓示者

梅新，本名章益新，浙江縉雲人，民國廿二年生，中國文化學院新聞系畢業，現任職文復會，並爲中央日報副刊編輯。

早期曾爲紀弦先生發起的「現代派」同仁，並爲「創世紀詩社」社員，出版詩集「再生的樹」，此詩集曾獲教育部文藝獎，並得名批評家顏元叔先生的佳評。

梅新寫詩甚早，其時服務軍旅，任士官職。據他自己的剖白，他在年輕時，由於對人生絕望，一度曾萌生自絕於世的念頭，後來感於詩的純美，放棄此一念頭，而致力於詩的創作。

筆者與梅新相識於金門軍次，當時我們兩人均爲士官，一年多的相處，筆者對梅新有多方面的認識。第一，他雖不善言辭，但內心卻滿懷熱情，因此對人的態度十分開朗坦率。第二，他在寫作方面的專心一致，使他的詩不斷進步。第三，他是一個有恆心的人，只要他想追求什麼，他必全力以赴，非達到目的，決不甘休。

在金門返臺後，梅新因病退役，支領三百九十元退役金，生活雖極窘困，卻以無比的毅力恆心，考取設於花蓮師範的教育人員訓練班。二年後結業，分發臺北縣石門阿里磅小學任教。在教書之餘，梅新仍致力寫詩，這期間，不但詩作源源不絕，並且也寫出了他的最佳作品，如「在橘子樹下」、「江湖客」、「中國的位置」等。及後，他又感於學力不足，晝夜勤讀考大學參考書，而考入淡江法文系，後又轉文化新聞系。

梅新的詩，偏重於抒情方面，而少寫感懷、諷世類的作品。他早期的作品，語言明朗，意象鮮活，及至中期，於人生經驗的充實，加以愛情生活的刺激，他的詩轉向爲對生命內在的探尋與刻劃，語言便不像早期詩作那麼直接的敘述，而微帶象徵意味，近期的詩，則轉向追求空靈的境界，述寫個人的一得之感，語言走向平白，而致力於意象的營造。

顏元叔先生對梅新的詩的批評，認爲他缺乏悲劇感，並說：「所謂悲劇感便是對當前時代與永恆人性的深刻體認。」此點我深有同感，在上面所說的梅新少寫感懷、諷世的作品，也正是這個意思。

「一顆星」這首詩，是梅新的早期作品，語言明朗，所欲表達的意念非常清晰，所以在意象方面，並沒有什麼深奧突出之處。這首詩雖出於抒情的手法，卻是一首讚歌，被詩人歌頌的對象，是一位偉人，但也可以是詩人最心愛的人。他用「那顆明亮的星」來象徵那位偉人，或那位最心愛的人。並且表白了自己最深的孺慕與最虔誠的心意，所以他唱道：「以一種習俗的崇拜者以恆心」。

然後，詩人爲了強化那位被歌頌的偉人或最心愛的人，在他心目中的地位，他在詩的最後唱出了：「因爲他就是年月，年月的啓示者」。

這首詩是易懂易感的，但是，易懂易感的詩並不易寫，而且，也不一定因爲易懂易感，就不是一首有深度的詩。一般從事新詩創作的，總以爲一首詩必須在文字內裏隱藏些什麼，那才成爲一首好詩，殊不知詩並不是謎語，如果一首詩所表達的意義，要教人再三猜測，個人認爲那是極不當的。當然，易懂易感的詩，往往也會犯上太過平面化的弊病，以至只見文字的美麗外衣，而不見血肉。「一顆星」有美麗的外衣，卻也可見血肉，這血肉便是詩人梅新虔誠的意念，所以，他要重覆的唱出：「啊，都有一顆星在閃爍」，並要以「我凝視著我現在凝視的」、「那顆星」，而加強刻劃他所歌頌的對象——一顆星。

梅新現今正值盛年，他的詩也已經有了應得的評價，不過，誠如顏元叔先生所說，「到現在爲止，梅新能給我們豐厚的美學快感，但他還沒有給予我們生命之痛苦的煎熬。」個人深盼梅新體悟此一諍言，向人生發掘素材，寫出擲地有聲的詩篇。

彭邦楨的「聯想」

——讀詩札記之七

一支玫瑰，這就是我曾經聽到的一支歌聲
這支歌聲來自荒原，彷彿就在那個荒原的荒草
之上。亦如風之掀起黃沙，黃沙之湧起雲層
雲層之席捲落日，落日後就是黃昏

這支歌聲最初曾在我的心中爆裂的闡發
亦如盈盈的露水之綻開玫瑰，玫瑰之綻開黎明
當黎明躍起，我就聽到溢滿林間的呼喚
而這呼喚也像是跟隨著一種雷鳴而來

玫瑰啊，雲雀啊，生命中的青綠的群樹啊
當春天還是這樣春著，花開還是這麼花著的時候
我總知道一些事物：蝴蝶就愛這樣的生活
蜜蜂就愛這樣的工作，蚯蚓就愛這樣的泥土

因而我又想起了一條春江，想起江上的明月
流過高山，流過森林，流過草原的風景
一直流過這粒種子的播種到另粒種子的收穫
啊，江呀！它就這樣的流過了我的額頭

詩人彭邦楨的生命裏充滿了愛與感情的波折，多少年來，他一直是感情生活中的浪子，而在去年，他安定下來；不僅感情有了著落，並且獲得了人生的最大幸福——因眞摯的愛及互愛而結合。

他的新婚夫人是一位詩人，一位博士，一位教育工作者，而且是一位美國人。關於彭邦楨與梅茵・黛麗兒這兩位詩人結合的傳奇性故事，國內的報紙（特別是中國時報）曾在去年的這段期間，連續以大版篇幅報導過，我便不在這裏覆述。不過，對於詩人彭邦楨的一些事跡，我還是想略作介紹。

彭邦楨是湖北黃陂人，軍校十六期的高材生，曾經服務在軍事委員會，民國三十三年，隨青年軍遠征印緬，勝利後在武漢擔任美軍招待所主管。來台後，一直從事政戰工作，當過參謀，軍中廣播電台台長，研究室主任。民國五十六年以上校軍階退伍，後來成了「作家咖啡室」與「文藝廳」的常客。他在抗戰期間就已經開始寫詩與散文，可惜的是那時的作品都已散失，來台後的作品，結集出版的有詩集「詩玫瑰的花園」、「戀歌小唱」、「花叫」等及散文集「情感散記」。

他是個厚道的人，與前輩詩人紀弦、覃子豪都是很好的朋友，因此在紀弦與覃子豪展開詩的論戰期間，他的感情上增加了很多負擔。因爲兩者都是好友，他不能偏於任何一方；更因爲兩者原本也是朋友，他必須負起一項使命，就是要使兩者的論戰僅止於詩的眞理，而不影響彼此的情誼。在這一方面，彭邦楨花了不少心血，但他畢竟做到了；他使紀弦與覃子豪的論戰，兩者都保持了君子之風，除詩的眞理以外，從不涉及人身攻擊。

彭邦楨的詩，特多對「風花雪月」的吟誦，然而那不是狹義的，而是廣義的。他之不斷謳歌自然的生息，也許與個人的感情生活有關。在這方面，個人總覺得他是個天生的浪漫主義者，而且，感情的散放近乎「泛情」，因此，他在感情生活上的遭遇，也特多波折。

由於感情生活上的多彩多姿，他的詩在對自然生息的謳歌上，也就充滿異彩，譬如他那著名的「花叫」一詩，不僅把春天的生息細緻的刻劃出來，更對於花的生息，作了深入而生動的刻劃，那種異彩，讀來令人心魂陶然。其次，他的詩在語法上，也頗爲別緻，而異於一般。他喜歡在一般人認爲不該斷句處突然斷句，結果，卻並不破壞語言的整一性，反而使那句詩的意象，更繁富而特出。不過，他有時喜歡把一些古典詩中的意象移置在自己的作品中，這往往給人一種生硬牽強之感，同時，在語言的整體上來說，他的詩有時也給人一種太過散文化的感覺。

「聯想」一詩，是以豐沛的感情爲基礎，從對一支玫瑰的謳歌，層層發展爲對大自然的謳歌，而最後卻又聯繫了蝴蝶、蜜蜂與蚯蚓，這些大自然中的生物。在這對大自然生息的謳歌中，詩人的最後意念，停落在自己的額頭上，這是爲什麼呢？個人的探究所得，是認爲詩人在謳歌大自然的生息後，突然感情泛起波濤，這波濤也就是詩人的心中興起「自雲蒼狗，歲月不居」的意念。於是，那原本被詩人謳歌的春江，發展到最後，卻成了歲月的江流，它在人的額頭流過，並留下痕跡。「聯想」的主題因此而顯示，這在我心中是個很重的負荷。

「三人行」前言

民國六十七年十月，羊令野、商禽和我，應「民族晚報」副刊主編楊尙強先生之邀，在副刊上寫專欄，定名「三人行」，第一篇由羊令野執筆，於十月十八日見報。一年半後，羊令野、商禽因事忙停筆，由大荒、向明接續，到七十年九月二十四日結束，歷時將近三年。專欄每篇七百至一千字，天天見報（偶有接續不上而開天窗之憾）。我算計一下，總有一千篇左右，我寫了四百多篇，以下是其中的十篇。

鳴

「寧鳴而死，不默而生」，在危疑動盪時代的知識分子，尤其是文學作家，當應有這樣的胸懷，然則，爲誰而「鳴」呢？

一個最大的前提，你必須站在廣大民衆的一邊，而且，你必須拋棄一切虛矯造作，以眞實爲本，與廣大民衆將心比心。

「鳴」，不是胡喊亂叫、無的放矢、妖言惑衆，它必須發自你的心中，是你的良心話。所謂有感而發，它要有一個明確眞實的依據，不然，落筆不實，滿紙謊言，如何算是良心話？

對一個文學作家而言，「鳴」在於揭示某些現象，在於供作鑑照，以惕勵來茲，它不是什麼口號，標立這個打倒那個的。「鳴」亦爲氣之所趨，但這是出自正義感與道德心，非爲鬥氣、嘔氣、邪氣、乃至毒氣；前人有氣節之說，「鳴」而有節，乃君子之所爲，也可說之「正氣」之使然。

若問，爲什麼「鳴」？向誰而「鳴」呢？

既然你是站在廣大民衆一邊，當然要爲增進廣大民衆的福利而鳴，你的鳴聲的箭頭必然指向那妨礙增進民衆福利的一切現象與措施。

那末，誰妨礙民衆福利的增進，誰破壞民衆生活的安定呢？這要冷靜的去發現，你不能感情用事，以偏概全，見樹不見林，見小失不見大害，你更不能誇張渲染，擴大事實，把眞象隱藏。

文學有一定程度的社會功能，你這樣做，才會在天秤上掂出份量來。否則，「鳴」而無所指或「鳴」而不實，那就是「不誠無物」，你還是扔不掉虛矯造作這身段。

「鳴」爲獅子吼，「鳴」爲金鐘響，須有當頭棒喝的作用，而這，必然要有「誠」作基礎。然而，好多所謂的「不平之鳴」，就衹少了這個「誠」，另有一些「鳴」聲，則是別人借了「鳴」者的嘴，鳴者尙不自知，這便有些可悲亦復可卑了。

「寧鳴而死」，因爲我對當前一些現象不忍緘默，所以我亦要爲之一「鳴」。

拿掉「博愛座」的遮羞布

尊老敬賢，爲我國傳統美德，然而到了今天，這美德卻被蒙上一層灰塵。

最顯著的例子是台北市公共汽車上的「博愛座」，君不見如今公車上的「博愛座」，十之七八均已無存，即使仍設有此座，座上人亦均非老弱婦孺，而有的「博愛座」那塊標布，也早已破損污濁不堪入目。

兩年多前，公車上設置「博愛座」，這本是一件好事，然而很多人卻睹座爲無物，因此引起不少人的感慨，筆者亦爲其中之一，且曾以「誰是博愛座上客」爲題，舉出親眼目睹的事例，以證「博愛座」之設，實屬多餘，如今不幸言中，感慨遂更深矣！

在「誰……」文中，筆者曾說：「這件事令我想及『博愛座』的設置不僅多餘，而且還可能導致無謂的糾紛，更甚的是，它是對我們中華禮義之邦的一個極大諷刺。何以故，因爲我們不是自小就被教以明仁知義，謙恭禮讓之道嗎？既然小學就有道德教育，長大成人後，在這方面不是有更多認知嗎？然而我們表現在行爲上的，卻什麼也不是。我們甚至連乘車排隊，在車上讓座給老弱婦孺這一類最普通，極平常的生活規範都做不到，還談什麼明仁知義呢？現在，要靠設立各種標誌來不斷提醒我們，就像公車『博愛座』那樣鮮明的標誌，而我們還是視若無睹，這豈不是對中華禮義之邦的一大諷刺？」

不錯，有人可以說這是社會變遷的緣故，因爲社會變遷影響國民心理，特別是對所謂個人利益觀念的誤導，使不少國人錯認爭取個人利益就可以不顧及他人，不顧及國家與社會的整體利益。雖然如此，我們總還有羞恥之心，總不能說，我們的傳統美德，已經完全變質，失去了它的約束力與感染力。

「博愛座」無博愛可言，如今且已形成車內美觀的一個障礙（你看到那塊污濁的標布會覺得賞心悅目嗎？），倒不如拿掉算了，也免得讓外國人看在眼裏，徒然爲中華禮義之邦的禮義之沒落興嘆。

然後，讓我們一齊設想，如何在社會變遷中保持品格的完美，並建立一源於傳統道德的價值觀念。

作家的自律

我們時常讀到一些情緒泛濫的文學作品，特別是在一些強調文學創作純屬主觀心智活動的作家們的作品中。不錯，文學創作自由的要件之一，是作家自我意識得在無所拘限的情形下伸張，然而，文學創作自由的另一要件，卻是嚴格的律己精神。這嚴格的律己精神，要求作家對自己的感情與意識活動，適度的予以節制與調和，以使作品不流於情緒泛濫，不流於自我意識的訴願。

文學創造之濫用感情，雖然經由刻意的描述，或可博取部份讀者的好感，但是，這種「好感」除了給予讀者閱讀時，極短時間的快樂之外，它沒有經久的意義；而且，這種「好感」的本質是脆弱的。嚴格的說，「濫用感情」是一項極爲虛僞的作爲，不僅是生活上的虛僞，也是精神的虛僞；建立在這種虛僞基礎上的文學作品，究竟有多少藝術價值，有多少啓發性，這是頗可置疑的。

然而，藉口創作自由，這類「濫用感情」的作品，卻充斥市場。而且，有一個聽來似乎站得住腳的理由；「藝術是一種假托、喬裝」，支持這類虛僞的作爲。

不錯，藝術重視假托、喬裝，但這只是一種手段，不是目的。運用這種手段，主要作用在於實生活的「轉位」。譬如一位畫家在他的畫幅上表達個人的視覺，或一位詩人在一首詩中表達個人的感覺，這幅畫與這首詩，都同時表現一個全新的經驗世界；而這個人的視覺與感覺並不是憑空幻生，它們從實生活中來，從實生活轉化爲個人經驗的過程中產生；是以實生活爲依據的。

「轉位」以實生活爲依據，這是一個艱難的歷程，也可以說是文學創作這一心智活動的最高層次；它考驗一個作家的意志與判斷力，也就是爲何捨其虛僞，取其眞實的能力。

最完美的文學作品必須是最人性的，因爲只有最人性的才能對大衆最爲有用。一個作家，如果缺乏律己精神，他便難以與樸實的人性接近。嚴格的律己精神，在於趨向平凡，因爲唯有在平凡中，才能確見人性的普遍與樸實。這也意指作家必須含蓄與質樸，具有批判的意識與追求眞實的精神。

再談作家的自律

今天我們身處的時代，其危疑動盪，較之歷史之任何時期更爲嚴重，因此，也形成我們生命最大的考驗。在這個大時代中，作爲一個文學工作者，是必須懷有創作使命感的。我們如果相信人類的歷史發展，是經由不斷爭取生活的進化而凝成，而且，這歷史的凝成，特別顯著的見於一切文化藝術活動。那末，我們也可以說，當生活的進化受到阻礙時，歷史便呈其黑暗的一面，這也是文化藝術活動喪失機能的時代，於是禁制嚴立，制度與形式卻特別的活躍。

證以今日大陸，情形就是如此。相反的，在我們這裏，由於爭取生活進化的步伐，一直不斷的邁進，我們的文化藝術活動，也特見活躍。但是，檢討我們文化藝術活動的整體表現，我們不能沾沾自喜。

究竟我們的文化藝術活動，有多少實質的成就呢？儘管在數量上，可以舉出許多例證，足以說明我們的文化藝術活動，在不斷增進中，然而，在質的方面，坦白說，還有待作更多的努力。這情形說明一個事實，就是我們的作家還沒有全心全意的投入創作；

即使有嚴肅的作家，他們的聲音卻被喧囂淹沒著。

我覺得，這是一種濫用創作自由的弊害，認爲創作自由所代表的意義是散漫、放縱與無節制，至於作家應如何自律，卻少有人過問。實則，創作自由與律己精神是形影相隨，不可偏廢的。

前文曾談到藉口創作自由導致濫用感情，將作品建基在虛僞上面，美其名爲：「藝術是一種假托、喬裝」。對這一弊害的矯正，唯有返璞歸眞，割棄虛僞。

律己的第一步，在於建立對人性作多面觀照之後的人生觀，一個作家如果忽視人生觀的建立，又如何去認識事物，認識社會與世界？更如何在作品中表現事物、社會與世界的動象？

人生觀的建立，離不開人，也就是要以人爲背景，事物、社會與世界是人的活動領域，因此，對人的多方面觀照，也包含了對事物、社會與世界的認知。一個作家如果有這個認識，相信他必能膽、識皆備，胸懷衆生，而負起文學創作的使命。

介壽公園一夕談

那天從「曲園」聚餐出來，我約大荒漫步聊天，從貴陽街走到介壽公園，在一個角落坐定，本有許多事要說，結果話題一直圍繞在國家情勢與我輩責任這兩方面。

大荒是詩人，我與他相識相知於金門，如今已將二十年。他近年來致力於從我國古籍中發掘題材，寫了不少佳作，其中長篇劇詩「白蛇傳」，以今人觀點，透視許、白的愛情，尤見功力。據聞音樂家許常惠近已將「遊湖驚豔」一節譜為樂章，近期將公開發表，實為一大福音。大荒亦擅寫小說、散文，多重心理的刻劃描述，作品中人物的創造，為一般作家所不及。而其深知作家在一時代中所負的使命，所以下筆嚴謹，作品從不訴之於濫情。

介壽公園中情侶雙雙，情話喁喁，介壽路上車輛來往頻繁，喇叭聲此起彼落，我們在淡黃的燈影下低聲交談，絲毫未受外力的干擾。這也許是因為彼此已有默契，即使是默然對視，也知道心裏要說什麼。

說來我與大荒雖同住台北，而且只一條和平東路就可到達彼此的住處，但半年多來，由於各忙各的，偶有見面機會，卻未作長談。這次也很偶然，然而一談起來，卻欲罷不能。

我們從中美斷交談到國家應興應革的措施，也談到大陸上毛共的倒行逆施，以及它對台灣的統戰陰謀。總覺得此時此地，我們在自由的生活環境中，由於經濟的蓬勃發展，促使人們在優越的物質條件下，精神陷於鬆懈與疲憊，因此忽視文化建設的重要性。這是一個極爲嚴重的偏失，許多有識之士已經在大聲疾呼，希望政府重視這一偏失，適度調整各項建設的尺度，將文化建設的比重提高，即使不能與經濟建設並行，至少也不可低估文化建設的功用及力量。

大荒對此問提出意見，他說：文化建設是長期的，也可以說是永久的，所以，最重要的，是在教育上著手，然而，以「民族精神」來說，有一個現象卻令人憂慮，那就是越是教育程度高，卻越喪失對民族精神的體認。這究竟是什麼緣故呢？我們的教育當局似應找出癥結並謀求對策。大荒的話令我沉默良久，而當我抬頭仰視林森先生的銅像，我的心中十分沉重。

從老花眼鏡說起

獨坐斗室，我又想起了朋友們戴上老花眼鏡的神情，那是洛夫、那是向明、那是商禽、那是張默……眼鏡的型式各有不同，有牛骨架、玳瑁架、金屬架的，有的戴得端端正正，有的斜架在鼻樑之上，給人的感受極為深刻。

戴老花眼鏡，當然不是一件人生樂事，尤其是出門時總要「一鏡在身」，如果忘了帶上，一旦要看些什麼妙文佳作，就頗有「抓瞎」之感。所以，洛夫說得對，一個忘性大的人，得準備三付老花眼鏡，一付放在家裏，一付放在辦公室，另一付隨身攜帶，那就不會臨事抓瞎了。

年齡增長，視力衰退，這是自然現象，戴老花眼鏡以補視力之不足，也是極平常正常的事。不過，有人說戴老花眼鏡與一個人的性格漸趨保守似有相當關係，對此說法，我就近觀察了朋友們的言行，總覺得並不確實。然而，有一點跡象卻十分顯著，那就是年齡增長，與性格的漸趨保守確有關係。

這無疑是心智更趨成熟的結果；譬如洛夫，他早年是朋友中衝勁最大的一個，而今這份衝勁卻極少外顯，當然，在他內心，還保持著這份衝勁，因爲他深知，這份衝動會煽起寫作的熱情。

由於大家深切體認到，如何轉化外在衝勁爲一種內在的創作的持力，這些日子以來，朋友間相處時的氣氛，顯然要比以往融洽得多。即以「詩人小聚」來說，大家對一位詩友的作品加以探討，雖有不同意見，卻都能心平氣和的加以辯論，甚少火爆的言詞，這情形對詩的發展而言，是相當有助的。

不記得是那一位朋友說：因爲戴上老花眼鏡，使他覺得人生的責任加重了。這話很有道理，老花眼鏡不僅代表年齡的增長，更代表人生的練達，無論在做人處事方面，都顯示著日趨穩實與含蓄。然而也有人感嘆的說：老花眼鏡象徵著死亡的召喚，因爲他覺得歲月不居，人生苦短。對此我不欲多言，但我卻願借用法國作家記德的一段話，與進入中年戴上老花眼鏡的朋友共勉。

「不要畏懼死亡的威脅，人生的旅途永無盡止，儘管你已入秋，但你還要向飄雪的日子衝刺，然後你的生命才有一個燦爛的花季！」

瑞穗夜想之一

瑞穗，這樸實的小鎮，靜靜的偎在東台灣的狹長平原上。這地方我曾數次路過，卻不曾落腳，一親這片土地的芳澤。最近一次路過，在十二月十三日的晚上，我從台東返花蓮，搭的是末班光華號。

在車上，我的思緒很紛雜。想著國際局勢的幻變，政客們對共產黨的缺乏遠見；想著產油國會議的即將召開，油價的波動又將帶動的巨變；想著中央民代增選中，部分社會人士的非理性言行；想著社會風氣的日趨奢靡，文化力量的漸形式微；想著政府的求好之心，而革新步調卻未盡配合；想著大陸知識青年的爭取人權運動；想著歲月的匆匆……我的心有不勝負荷之感。

這時候，車子在瑞穗站停住，我的目光觸及「瑞穗」這兩個字，心中突然平靜下來。我被這兩個字所代表的意義深深吸引，瑞穗，祥和與富足的象徵，我相信這不僅是每個中國人所追求的，也是人的共同願望。

然而，環顧世局，審察國勢，人類社會的祥和與富足，卻還遙遠不可企及，我心中不免黯然。

我只是一個平凡的普通人，四十多年的生命，一直在憂患之中，沒有機會接受完整的學校教育。二十一年的軍伍生活，增強了我做人的勇氣，然後以低階軍官的身份退伍，到了社會上，憑著軍中學得的一點謀生技能，替人編雜誌，偶爾寫寫文章，維持一家三口的生活。

我這半生，甚少想到自己的飛黃騰達，心念中，我常想著的，一是如何早日重返故鄉，與尚存的親人們把臂敘舊，一個國富民強，中華民國永遠屹立世人的心上。

這並不是什麼奢想，我相信只要我們努力以赴，總有兌現的一天。我的信心根植於中華五千年的歷史文化，根植於　國父精深博大的三民主義的思想，根植於中國人仁愛的天性。瑞穗，與大地相屬，我們中國人的生命與大地的生命是密切聯繫的；我相信我們每一個人都是一支瑞穗，總得爲未來的中國帶來祥和與富足。

而我，亦將在寫作這條路上，作終身的奉獻。

瑞穗夜想之二

光華號在瑞穗站只停留一分多鐘，隨即鳴笛北行，向花蓮直駛。我眞不捨這安靜入睡的小鎮，發誓有一天要到這裏來作片刻停留。

瑞穗，它使我想起自己的出生地——浙江慈谿一個小鎮，雖然那兒說得上是山明水秀、物產豐饒，但以一切建設來說，我家鄉是遠遠落後於瑞穗的。如今已不能也不敢想像家鄉的情狀，經過共產黨三十年的蹂躪，它已是面目全非了。

這也使我想及建設的意義，同樣的築路建橋，在民主的國家，是爲了全民的利益，而在共產國家，卻爲了政權的鞏固，爲了長期維持它的奴役政策。瑞穗的各項建設，我雖未親眼看見，但我相信，無論工程的大小，沒有一項不是以人民利益爲依歸的。雖然，就台灣全省的建設來說，政府稍有偏失於東部的整體開發，但政府一定常想及念及，今後亦必劍及履及，使東部早日繁榮起來。

我常常想，在建設過程中，科學技術雖然擺在第一位，總也有用得上文學藝術的地方；譬如爲了激勵工程人員的幹勁，作家們可以從各個角度，來構寫工程的進行，工程人員的工作形象，畫家們也可以描繪他們。然而，這些年來，文學藝術工作者，往往退居在第二線，缺乏積極主動的精神，來配合國家建設工作的進行。顯著的例子是，偉大的十項建設，文學藝術工作者並未在工程進行之初，發掘它的可歌可頌之處，而是在工程已經進行到具有相當規模的時候，才來加以刻劃，而且，這項行動也往往是被動的，因此，作品的感染力也相對的削弱。

文學藝術工作者納入國家建設的第一線，這是我經常想著而得不到解答的問題，當然，這也牽涉到許多其他問題，譬如編組、經費來源，聯繫協調，以及作品的何種方次發表，在什麼地方發表等等，都需要周密的計劃。而且，更重要的，我們的文學藝術之所以成長，乃因我們的文藝工作者是在一個自由開放的環境中，我們文學藝術的特色，乃在表徵自由的可貴，因此，文學藝術納入國家建設的第一線，必須考慮到如何不傷及自由這個原則。

鳳凰的假象

鳳凰是珍禽，常與孔雀和鶴並列。前人有「非煉實不食，擇梧而棲」之語，可見鳳凰的珍貴。有一種相沿的傳說，說是鳳凰如果知道死期將至，就會以自焚來火葬自己的軀體，然後通過火的洗禮，得到一個新的生命。所以，鳳凰被視為尊榮與堅貞的象徵。

可是，我們今天逛動物園，只見鳳凰被關在活動空間小得不能再小的籠裏，不僅無梧可棲，吃的更是雜有沙粒塵屑的雜糧，其淪落到如此地步，不竟為之嗟嘆。

但這嗟嘆又何補於鳳凰，當今世事紛擾，人口密集，能源危機之日益逼人，甭說鳳凰，就是動物中最高品級的人類，也在為生存空間與糧食問題憂慮不已，且有許多地區，人們早已備嚐其苦。

如此說來，今日的鳳凰似已不能改變其命運，而我們欲見鳳凰之眞正形象，便只有求之於前人的文學與繪畫作品了。

現實的殘酷，使許多在以往文人筆下所描述的美好事物，距離一天比一天拉遠，有的甚至已消失殆盡，不復能予想像，這是今日人類的悲哀。然而，在現實中，當也有新事物的出現，經文人筆下那麼一番描述，而有美的透現，使之具有可欣賞處；這對失落的悲哀，應有所補。也因爲如此，文學藝術始有它們得以落筆著墨之處，它們的生命，遂亦生生不息，周而復始。

問題是，現實中的新事物，往往僅具雛形，或雖成形而不能經久，作家們如果據此而大搖筆桿，其結果恐怕不是美的透現，反而會是人所不取的厭物。這麼一來，文學藝術倒成人們心目中多餘的負擔；今天大家都已爲生活的競逐所苦，何必多此累贅？

這也就是說，現實中新事物的衍生，要經過悉心的觀察，體會與探索，而且，你的描述須是一種創造，它要有新的意義。譬如我們寫鳳凰，如果我們還是本著前人的說法，而不能將今天動物園中鳳凰的生命形象，作深入的刻劃，那有什麼意義呢？我們今天對於社會現象與勞動人群的描述也是一樣，切不可照前人的描述複寫一遍，而要有不同的觀點、不同的角度，以呈示新的意義，不然，豈不也只是「鳳凰的假象」，華而不實。

對知識份子參政的淺見

知識份子與政治參與，在今天是一個熱門話題。我國歷史上，知識份子參政的事例，多不勝舉，但其結果，卻顯示好與壞兩種不同的意義。

所謂知識份子，淺見認爲，這並非泛指所有讀過書的人。就對政治的感應而言，一個知識份子，並不單單具備「有學問」這一條件就夠了的，他尚須「有良知」與「有理性」。知識份子對於政治，其心向的呈示各有不同；譬如一個社會學者，必然偏重對社會問題的觀察與關心，並切望政府能合理解決問題；而政治學者，則較重視政府在推行憲政方面的得失與民主開放的程度；就科技工作者來說，無疑的將重視科技水準的如何提高，以求科學的高度發展。基於上述，我們發現知識份子如欠缺「有良知」與「有理性」這兩個條件，僅憑「有學問」一項條件，一旦參政，便極可能有所偏私。

嚴格的說，政治雖爲衆人之事，卻不是每個知識份子所能完全理解。而且，由於求好心切，往往出之於帶有浪漫色彩的理想主義態度，對政府的施政形成苛求。一旦政府的措施未符理想，卻不能冷靜檢視自己的意見與要求在主、客觀條件下，其可行性如何，而嚴責政府。同時，在此情形下，知識份子的心理反應，極可能有以下兩種方式：一是從此埋首研究室，不再過問外界的一切，這種消極的自閉行爲，無疑將是個人及國家的損失；另一種是一反常態，自命爲積極的，而採取激烈的手段，以達目的。這兩種情形，在我國近代史上，不乏先例。

吾人應不諱言，我國的政治民主，由於種種因素的阻礙，而尚未能完全推行。然而，今天卻有一些知識分子，無視於國情，僅憑一己之見，放言高論，對政府數十年來的治績，一概予以抹殺；這種行爲表現，不僅無良知，而且也缺乏理性。說嚴重一點，若知識份子參政，僅爲一飽私慾，以圖私利，或爲反對而反對，或心存報復，這種作爲，不但無補於政治民主的充分實現，在此時此地，更是引狼入室。

學問，良知與理性，是知識份子參政不可或缺的條件，如此方能獲得大衆的尊敬，如果你欲競選，也必將獲得大量的選票。

「藝文走筆」與「點墨小集」

七十年六月十日，我在魏端先生主編的「台灣新聞報」副刊「西子灣」，開專欄「藝文走筆」，每周一篇，至七十三年六月，中間偶有間斷，共寫了一百二十多篇。

隔了不到一年，待我甚厚的「魏公」又要我開專欄，並代我定名爲「點墨小集」，刊期不定，到七十四年底，我有「才盡」之感向魏公告罪，請准停筆後，我算了算，寫了竟有五十篇。

接著，於七十七年四月開始，寫「品詩手記」十二篇，每月見報一次。

以下我選了「藝文走筆」十篇，「點墨小集」八篇，至於「品詩手記」，則留待日後出版。

不誠無物

——藝文走筆之一

「不誠無物！」文學生命的呈現，端賴作家如何把內心的「眞情實事」，經由藝術的處理，反映給我們；這是一個艱苦的心路歷程，唯一個「誠」字始能克奏其功。

誠發於心，文學創作的根本依據，在於一個作家是否誠以待己與待人，是否誠以接物與處事。我們知道事物有眞僞兩面，人性有善惡之別，唯有誠心相待，方能破僞存眞，祛惡立善，文學的功能從其間揚溢，遂使我們在接受之間，有所感動，並知所鑑照。

由此可以驗證，不誠無物這句話，不僅可用在一切創造性的作業上，對文學創作則更具深意。

我們要感謝這世上許多作家發乎「誠心」的創作，他們的作品豐富了我們的人生。但是，事物有假象，人性有障礙，要不被假象、障礙迷了心竅，實非易爲，作家如何破此迷障，得視其對「誠」字之修爲。

就當前文學的發展來說，由於思想與生活方式的對峙，生命價值的探索，遂亦陷入不與相共的兩極狀態，以至文學的潮流，已形成多支的發展。於是，文學的性質與功能，也被多重解釋，尤其在極權與專制的共產國家，幾已淪爲政治的附庸，所謂文學的功能，亦即政治的工具，在這情形下，作家們的生命深受脅迫，如何談得上發乎「誠心」的創作？

然而，儘管文學潮流的紛歧，在這世上，還是有許多作家，爲我們帶來了撫慰心靈、啓發心智、激勵信心的至高禮物。這份可貴的禮物，實乃作家們誠心的結晶。

誠心，對一位作家來說，也就是眞性情的流露。通常，我們所習見的事物，常因我們的情緒變化，而有不同的意義出現，但對一位作家來說，由於出乎誠心，他的所見，卻常爲「眞情實事」。這並不是說我們沒有誠心，或作家沒有情緒變化，而是意指作家們每能面對事物，堅持自己。

堅持自己，不是說作家們突出人群、物界或事象之外，高高在上的目空一切。我相信，一位嚴肅的作家，不會輕易的自居例外，棄絕周遭的一切，他生活其間，之所以堅持自己，是因爲他以「誠心」相待，而事物乃以「眞情實事」相應，在這相待與相應過程中，顯得了深刻的生命意義。然而，在共產社會，作家們那有權「堅持自己」？所以，寇斯特拉對整個共產社會的文學論斷爲：「不誠無物！」

文學與政治

——藝文走筆之二

文學與政治，看似不相爲謀；有人說：一個文學家應該遠離政治，保持文學心靈的純淨。然而，自十九世紀末期以來，文學在幾經波折，多次變遷後，本身似已不能保持自身俱足的地位；它的變，不僅形式，且涉及本質。

現代文學，已不能單獨抽取其藝術部份來作爲價值判斷的標準；構成其價值高下的因素，包含著決定作品的內容與實質意義的諸多現實條件與背景。因此，一部現代文學作品，不僅要從藝術、美學等角度來作價值的探討，還要從社會學、心理學、經濟學、法學、醫學等等角度來探討。而政治，就其廣面的意義看，是將社會學、經濟學、法學等等包括在內的。從這樣的體認上，我們或能理解，爲何索忍尼辛前次在哈佛大學的演講，語多涉及政治。

索忍尼辛之被譽爲「人權鬥士」，是因爲他與巴斯特納克一樣，勇毅地承繼了舊俄的文學傳統——文學家不僅以其藝術造詣贏取公衆的心，同時也是一個公衆思想的啓導者。關於索忍尼辛的長期奮鬥，以及面臨死生挑戰時的不屈精神，已有很多介紹，我不在本文覆述。但是，哈佛大學的那篇演講，由於關係到本文主題，所以要略加引用。

他率直地指出西方國家在觀念上的弊害，特別是「持有盲目的優越感」，以至看不清事物整體的面貌與演變，形成在人類命運的關鍵性問題上，心理的沮喪，消極和迷惘，甚至喪失了道德勇氣。很顯然的，這是借西方國家對蘇俄勢力擴張的退縮而言，索忍尼辛在這方面的控訴與揭露，說明了他在政治上保持高度的清醒。

這段嚴厲的指責，就我們中國作家的經驗來說，中年以上的每一個人，心中應都有這份深沉的痛苦，然而，我們只是把這份痛苦埋在心裏，對於西方國家的種種，只是迎合與牽就。我如此說，並不是要我們的作家，向索忍尼辛「牙牙學語」，而是希望我們的作家，要從單一的藝術領域裏探首外望，看向廣闊多樣的人生領域。

我覺得文學與政治應有關聯。文學與政治的關聯當然不是驅使文學爲政治服務，但是，經由觀照人生與社會的過程，其間的功能發揮，應包含對政治等等因素的反映。這也就是說，要拓築這一代的文學，使之納入未來歷史的軌道，我們的作家應該深切體認時代精神的特性，投入這時代廣闊多樣的人生領域！

詩與哲學

——藝文走筆之三

常聽有人諷利的說：「你的詩就是哲學的演繹。」「你是哲學大師，我是白癡，所以我看不懂滿篇哲理。」「本來嘛，詩人與哲學家一體兩面，詩是哲學，哲學即詩。」……且也有詩人自以爲智慧超凡，自己的作品深具哲理，通過嚴密的思考與邏輯推理。如此等等，致令人不解，詩與哲學究竟有何關係。爲了稍解疑惑，以下的記載可供參考。

詩人是否在其內心深處苛求一種所謂的哲學呢？或者實際地說：哲學是否就是詩呢？我們試從這問題一談。

在哲學上，邏輯的推理和討論，同是極愚笨的工作。設若在詩裏面也加進這些東西，那便會淪爲庸俗了。哲學家所體會的境界，是一個超越塵世的境界；一般詩人所夢寐以求的，正是哲學上那種心神嚮往、條理分明的世界。

在哲學上，邏輯的推理和討論，通常被視爲一種求得某項目的之工具和準備的工作。邏輯的推理的最終目的，乃爲臻達一種領會的境界，對一切事物的秩序和價值作進一步的沉思。這種沉思最富於想像力。要是我們的胸懷從來不廣闊，我們的心意也沒有受過訓練，這樣，我們也就永難臻達這境界。一位能臻達這境界的哲學家，他已算是一位詩人；同樣的，一位詩人能夠對一切事物的秩序予以動人的想像，他也是一位哲學家了。

有人以爲，就算我們承認哲學家在其崇高超俗的境界中是一位詩人，要是一位詩人成爲一位哲學家的時候，他便顯得沉濁不堪了。哲學是推理的、沉悶的、有系統的；詩是飄忽的、靈性的、片段的。只管拿一兩首長詩爲例，其中的一兩節總比全詩優美得多。一位詩人最拿手的本領，就是利用一些簡單的文字來表達詩的意象。在偶爾的一刹那間，詩人用了這種方法來發洩其情緒，到最後，這緊張的狀態鬆弛了，狂熱的情緒也消褪了，除下來的不外乎曖昧不明和一片混亂而已；那偶爾的一刹那的思想已不知飛到那兒去了，恐怕已消失在一種聲韻的浪潮中吧！

於是，我們可以說，詩應該是片段的、暫時的嗎？詩人的想像，在整個生命、歷史、人格和命運中，是用不著的嗎？對此，我不以爲然……要是藉最少事物的暗示，能使我們體會深遠的境界，我們可以說，這文字的片段是富有詩意的；當一種直覺有足以表現我們整個的生命時，這直覺是多麼詩意啊！所以詩與哲學，兩者有著精神上的關聯性。

以「百姓」為本的儒者

——藝文走筆之四

儒者之澤，深而且厚。

證以徐復觀先生的胸懷，此說當非溢美。徐先生今已逝矣，作爲一個儒者，念念以「百姓」爲本，他的畢生志業，是值得我輩深深追慕與感激的。

生在一個憂患時代中，徐先生所經識的，何止是戰禍頻存，他感嘆中國文化精神的衰微，道統之將不繼，於是勇毅地挺身而起，本孔孟之道，要爲中國文化找出路。在他的意念裏，唯有中國文化精神的恢弘，中國才有救，才可屹立千萬年而不墜。

很多人認爲徐先生在文章中太過霸氣，筆鋒不帶一點感情，似乎不合儒家溫柔敦厚之道，實則，這是徐先生愛好心切，愛之深，責之切，爲了眞理而不徇私，這才是儒家的眞精神，一個現代知識份子的本色。

徐先生早年曾幹過軍人，亦曾從政，對政治社會問題認識至爲透徹，及後轉而在學術研究方面下功夫，在文、史、哲各方面均有涉獵，並師事大儒熊十力先生，終於在儒家學術思想的闡發上，成爲一代巨擘。

對於文學與藝術，徐先生寫過不少精闢的文章，尤其對藝術的發源與流變，及其與人文思想的關係，徐先生的論述，不僅自成一家之言，而且產生深遠的影響。但是，徐先生用力最勤的，還是在思想史方面的不斷探發。而他雖然筆鋒猛銳，卻始終是一位敬重傳統的儒者，所以在臨終時，要以未能朝謁孔陵爲憾，而說：「余自四十五歲以後，乃漸悟孔孟思想爲中華文化命脈所寄，今以未能赴曲阜直謁孔陵爲大恨也。」

徐復觀先生在治學上，無一念不顧及中國的「百姓」，因之常是心懷悲憫的。他深切體會百餘年來中國的衰落，乃是世間悲劇之最，數億人沉溺於無道之治，而無一援手，這豈能不令人痛哭流涕！而這一切的形成，均在於背離孔孟之道。因此，徐先生不止一次的大聲疾呼，要以「百姓」爲本，爲「百姓」的生息，恢弘孔孟之道，以治理國事，並由此民本轉爲民主，建立民主的政制，永奠國族的根基。

儒者之澤，深而且厚，徐先生的去世，是國家的莫大損失，如果我們年輕一代，對徐先生的志業有所領悟，發揚光大，徐先生在泉下當會瞑目。

「造景」與「造境」

——藝文走筆之五

詩與畫貌異神似，這話頭倒不是一般所說的「畫中有詩」或「詩中有畫」。就創作而言，有所謂「造景」與「造境」，「景」與「境」是兩種不同的表現結果；在詩中或在畫中，似乎可以同樣的去追究這兩種不同的表現結果，因此詩與畫兩者雖爲不同型的藝術創作，精神上卻有它們的共通性。

「景」的表現，出於客觀的描寫，係以經驗將事物反映；「境」的表現，則爲主觀的陳述，係以感覺將事物反映。這客觀與主觀的表現手法，使事物呈現它們具象或抽象的一面，豐富了事物經由這兩方面的表現，所顯示的意義。

我們說事物的「景象」，如果一首詩或幅畫中單是「景象」的表現，這一客觀存在的事實雖可使一首詩或一幅畫得以存在，但若從藝術的完美來衡量，這樣的成品顯然會給人薄弱的感覺；因此，我們要求將事物「景象」作深入的表現，由此產生了主觀的意識活動。

事物景象經由主觀意識的處理，在作品它已不是原有的形狀，於是，這事物景象不僅有量感，更有質感，這便也烘托了作品的境界。

無疑的，作品中的「境界」，是藝術較高層次的表現。然而，「境界」也者，並非憑空而生，它實以「景象」爲基礎。這也就是說，主觀意識是以客觀經驗爲根本；拋開了客觀經驗，主觀意識將是虛茫的，不實在的。

由於「造景」與「造境」是不同層次的表現；「景」重認知，「境」重體會，一在外，一在內，內外相濟，始可使作品趨於藝術的完美。因此在對現實題材的刻劃上，就不是單單作皮相描寫（繪），而應深入現實題材裏面，從「造景」到「造境」，如此才能正確反映，使現實題材呈現豐富的意義。

詩與畫的貌異神似，即在於從「造景」到「造境」，有它們創作精神上的共通性。從這個觀點來體認「詩中有畫」或「畫中有詩」，我們當可發現，詩與畫兩者之間，何以具有較爲密切的關係。

「造景」與「造境」，是藝術表現的一體兩面，所以，我們在創作中，應兼容兩者，切忌偏廢。

「反映」與「反抗」

——藝文走筆之六

藝術，就其對現實的返照來說，是具有「反映」與「反抗」這兩層意義的。

德國文學家湯瑪斯・曼曾說：「當一個藝術家宣佈忠於藝術之後，他便無法擺脫對現實、對社會及對生命的某種程度的反抗。一個藝術家的態度，每會對一般人的態度形成對峙：這是一個藝術家難以逃避的命運。藝術雖然譴責『惡』，卻不能遏止『惡』的邁進；它雖然授與生命以理性及尊嚴，卻並不能荒誕無知。」

湯瑪斯・曼的文筆，以「利如解剖刀」著稱，作爲本世紀的一位重要作家，他在小說中一直以銳勇的膽識，從事對現實、社會及生命的某種程度的「反抗」；唯有「反抗」，他才能以不逃避的態度，向「惡」挑戰，以理性及尊嚴，來制止荒誕無知。但是，由於人類慾望的升級，以及宗教與道德約束力的衰微，惡行正在擴展它的侵蝕面，因此藝術家的「反抗」，也就永無休止的進行；如同卡繆在「薛西弗斯的神話」一文中所揭示的。

有人說：藝術屬於心靈的世界，而社會屬於物質的世界。假如我們細心思索，這個說法是不眞實的；除非兩者完全不發生關聯。從藝術家的作爲中可以發現，不論是「爲藝術而藝術」，或是「爲人生而藝術」，藝術家對藝術的忠實態度，兩者都不容置疑。所不同的是，「爲藝術而藝術」，係從社會現實中隱退，「爲人生而藝術」，則介入社會現實；兩者一爲藝術之「反抗」，一爲藝術之「反映」，都是探求改善人生，乃至「醫療」人生的良方。

藝術的「反抗」與「反映」，兩者並不是完全孤立；這也就是說，藝術家的作品中，對現實的返照，不會單是「反抗」，或單是「反映」。在許多作品中，兩者或是同時出現，或是先後出現，只有程度的強弱。而且，兩者的出現，並不是對立的。

以海明威的作品爲例，在他以歐戰及西班牙內戰爲背景的小說中，他一方面以客觀冷靜的筆觸，刻劃戰爭的殘酷，這是對「現實」的「反映」；另一方面，他描述生命投入戰火中那種掙扎，那種自救的行爲與生命的覺醒，筆觸充滿了熱情，藝術的主觀性增強，這無疑表達他對「現實」的「反抗」。這情形說明，藝算家如果眞正肩承藝術的使命，他是既爲藝術而也爲人生而藝術，他的作品兼有「反抗」與「反映」的精神。

讀「受難日狂想曲」

——藝文走筆之七

在歐洲詩壇，艾瑪紐艾爾(Pierre Emmanuel)被稱爲是一個「異數」。他是法國人，生於一九一六年。在當時的法國詩壇，梵樂希與尙稜夫兩位大師，分別給了年輕一輩詩人不同的影響。梵樂希的理性與尙稜夫的激情，幾乎構成法國詩文學的發展系統，艾瑪紐艾爾年輕好動，極自然的被尙稜夫的作品所吸引，步伍尙稜夫的詩風。然而，在最初十年，因爲所受的影響太深，艾瑪紐艾爾沒有在作品中呈現自己的面貌，所以不受重視。直到五十年代初期，二次世界大戰的殘酷事實，喚醒潛藏在內心深處的另一種熱情，艾瑪紐艾爾的風格突變，終於被大家所看重。

「受難日狂想曲」寫於二次大戰末期，戰後才修訂發表。這首詩寫的是作者想像中基督精神的復臨，透過藝術的手術，它的嚴肅主題表現，足以抵得上一般傳教士在講壇上的「訓諭」。

我們知道，詩的藝術感染力，透過語言意象，始得以超越一般世俗的意念，而給人一種經驗上的嶄新感受；它不是知識的教條，更不是習慣的因循。艾瑪紐艾爾的「受難日狂想曲」，不以一般的宗教觀來論衡基督精神，而致力於刻劃人類的精神，乃至於追索生命的定義，使作品的內涵，超越題材的限制，這是在藝術創作上，一項意義深遠的成就。

有的批評家認爲，艾瑪紐艾爾的詩不僅是一個眞正詩人的聲音，更是一個眞正人的聲音。他用的語言，是一個眞人內心的話，詩中爆炸式的想像，充分表達了眞人內心生與死的掙扎，證明一個人在這人世的緊迫壓縮之中，靈魂所承受的痛苦；而掙扎是一種舒解。

「受難日狂想曲」一詩，是艾瑪紐艾爾凡世的熱情高度發揮，而在這凡世的熱情背後，也許有另一種熱情；這是得自聖經的啓示，所煽起的「人」與「神」之間溝通與交往的熱情。艾瑪紐艾爾苦于基督的召喚在人世日趨式微，於是，在詩中，他將人的精神提升。

「人中之神」，經由自我救贖完成生命的歷程，艾瑪紐艾爾發現「受難」的終極意義，竟在人的生命中驗證，於是，他在詩中追索的「全愛」的肅穆，便壯嚴的呈現在世人面前。這追索的結果將導致人類新的人文精神的重建，而使人類蒙受其利。

而立之年以後

——藝文走筆之八

有人說，作家的創作年齡有階段性，而詩人尤然。持此說者甚至認爲，詩人的創作年齡，以二十五歲至三十歲爲最佳階段，在此階段中，不僅產量豐富，且每多佳構。至於而立之年以後，則難有佳作。

這話大概是泛指詩人作品與詩人生命力之間的關係。

大凡對詩稍有愛好的人，總有這麼一個看法，認爲詩人是一個天生浪漫人物，不修邊幅，不拘小節，富幻想，愛作夢。這個看法大有來由，關鍵人物自然是詩仙李白。事實上，關於李白的種種多屬傳說，相信他必有嚴肅的一面。而且，作品的多彩多姿，綺麗華美，所謂浪漫的情調，並不表示創作者亦復如此。

證以當代詩人，他們都是嚴謹的生活著的，雖然曠達豪放者有之，拘謹孤僻者有之，卻難見一個以風流自居，亂了人生章法的浪漫人物。

基於詩人率皆風流成性，放浪成習的看法，所以也就有三十歲以後難有佳作的說詞。蓋三十歲前，人生正值華年，意氣風發，情感豐沛而精力旺盛，想像力強，作起詩來，海闊天空，不為規範法則所役使，所以每多創見。而三十歲後，自歛之心生出，性格亦已凝成，為求作品之有所舒發內心感思，落筆時乃多了不少顧慮，拘謹而穩實形成了挑揀之弊，無異縛手綑腳，於是，詩中觀念與概念的成份提高，不及三十歲前之自然灑脫多矣！

其實，情形並非如此，一個詩人年過三十，雖然性格漸告凝成，對自己的約束也加強了，創作時確漸受制於生命體認的形役，每多顧慮，揮灑之時不若三十歲前自如。但是，一旦突破數重障礙，卻由於思想的深沉，觀念的澄明，每多佳構產生。

雖然如此，卻有一重障礙，每每不易突破，此即名枷利鎖。今之詩人陷於與名枷利鎖苦鬥者，恐不在少數。而名枷利鎖，不僅窒礙創作境界的向上發展，也會使個人的風格落入公式化，這時候，要想再予突破，更是困難重重了。不過，話又說回來，這個世上，有幾人能無視名利？

愚見以為，所謂名利，名本隨身（生）之成長來，文學創作本應訴請衆生感應，其善美應為衆生共享，如此得「名」，應不屬非份，然則「利」之一念，就需要良知的衡量，在取捨之間作一抉擇了。

學人的形象

藝文走筆之九——悼萬家茂教授

五十歲，總是一張笑臉，一副熱心腸，在學術研究上學有專精，在科學普及化的工作上亦曾加倍付出心力，這麼一個人，竟突然說走就走，走得那麼令人痛心。

這人就是萬家茂教授，我的一位精神上的朋友。

萬家茂教授在生物學的研究上是一個不僅有創見而且更有幹勁的學人，然而，多年來，從引進新的研究方法，到規劃設立新的實驗室，到參加國際性學術會議，到關心國內生物學資賦優異高中生的進修，到協助科學月刊推廣科學通俗化、普及化，萬教授付出許多心血，卻虧待了自己。

他家有病妻弱女，幼子年僅四歲，白天在教室、研究室忙碌，回到家裏，還得再忙，這重重壓力，卻從未迫使萬教授屈服。他安於中央研究院動物研究所的研究工作，拒絕外界的高薪羅致。難得的閒暇，又用在寫科學普及化的文章上。就這樣，他把自己的身體拖垮了，明知自己心臟不好，卻每天活在忙累中。

我不是他的至友，但比普通朋友較深一層，其原因，在我這邊，是敬重他的工作精神，在他那邊，是認爲我還能把犧牲當作一種享受。我們有過一次長談，從辦刊物到寫詩，話題一變再變，但他不曾說過一句怨言，給我印象最深，是他說：「很多事，得咬著牙幹，寫詩也是一樣。」

他留過洋，得過博士學位，回國後，仍是土土的樣子，除了在講堂、會議席上非說不可，他平常跟人交談，從不夾雜洋文。更讓人敬重的，是他品格的完整，這方面，我覺得萬家茂教授已爲學人們建立了道德的形象。他不貪——貪錢、貪功、貪名、貪利；他不爭——爭功、爭名、爭利；不貪不爭，乃君子也。

也許嗜酒以及戒不掉香煙，是他生命中一個小小缺失吧！因爲他明明知道，酒與煙對他的身體不利；尤其是加重心臟的負荷。然而，除卻小飲一番與吞雲吐霧的些許快感，他還有什麼享受。

走得那麼突然，家茂兄，此刻我咬著牙，想再寫一些，卻怎麼也寫不下去了。

內涵的深刻化

——藝文走筆之十

徒具詞藻之美的文學作品，或許能一時迷惑讀者，卻不能耐久。近年來，有不少獲得各類文學獎的作品，被改編爲電影，得到極大的歡迎。這些作品，我大部份都拜讀過，我的感覺是，它們都不以詞藻之美取勝，而著力於內涵的深刻化。

內涵的深刻化，在一篇成功的文學作品中，應能產生一種力量；這力量不僅令人感動，還會讓人不斷的反覆回味，直到有所體悟。

也許這可稱之爲「反芻作用」，一篇文學作品如果只能讓讀者一嚥而下，在我的感覺中，它距離成功似乎還有一段路。「反芻作用」就是要讓讀者反覆回味，這種力量的產生，甚不易求得。

內涵的深刻化，經由文字與情節的安排而表達出來。它不同於僅在文字上修飾，只求表面的華麗。從這裏我們可以發現，具備文字基礎，不一定就是一篇文學作品獲致成功的條件，要將作品內涵深刻化，需要在紮實的文字基礎之外，更具備紮實的生活基礎；唯有紮實的生活，才能帶動生命去接觸事物，體會在那瞬息萬變之中，生命的動象。

浮現於生命的表層，只是一些現象，所謂浮光掠影。對於一個眞正關心「人」與「衆人」的作家來說，生命的浮光掠影，是難以發生蒙蔽作用的。

鍥入生命，將作品的內涵深刻化，是我們作家所共同致力的。今天，在我們的生存環境中，有太多的素材等待作家們去發掘。但是，並不是每一種素材，都適合你去發掘，你必須選擇你最熟識的，這也就是說，選擇你所經驗過的；唯有你所經驗過的，你才會更深入的去發掘。

法國作家安德烈•紀德曾說：「在生活周遭，可憎或可喜的現象，不時更迭，事物的價值，隨之變化，而你必須以一顆不變的心，去應合它。如此，你始能深入事物核心」。

要使作品的內容深刻化，也就是要深入事物核心，把事物的精義表現出來。當前的文學創作已有此趨向，我們不能不感謝作家們所作的努力。

甦醒之前

《點墨小集》之一

半年來，什麼也不想寫。工作繁忙（這不是藉口），而又對工作的意義興起疑惑，大概是原因之一。

身心常陷入錯愕與空茫，是不是因爲年過五十而一事無成？我想過它，卻得不出明確答案。一位朋友曾說我太過理想主義，他要我做人處事稍爲現實一點，我卻不能確定自己的理想究竟是怎麼回事。至於現實，我也知道怎麼樣去圖點小利，怎麼樣去沽些薄名。說得明白一點，我只是個極普通極平凡的人。

那麼，這半年來常梗在心頭的倦意是怎麼產生的呢？想了又想，我終於發現，這些日子的生活太優裕了，優裕到使精神整個的鬆懈下來。還有什麼可追求的呢？我把人生的這個問題，擱在一旁。

這個發現刺痛了我，更甚的，是我發現，自己是一個太容易滿足的人；因爲如此，我在各方面都停滯不前，即使是年青時爲之發癡發狂的寫作，幾乎也不能誘發我向前衝刺。

長此下去，我會是什麼模樣？別的不說，就以面對尙在小學讀書的兒子而言，我給他樹立的是一個什麼樣的人的模式？才五十出頭，豈可就此放慢人生的腳步？

我深知才智有限，而一度我曾努力過，現在，再作一番努力，在時間上還來得及。於是，我又握緊了筆桿。

「點墨小集」將作我再出發的一個標誌，在這個小小空間，我將譜出生命中的一串串音符，它們能否串成一曲動聽的歌，這一方面要看我努力的程度，另方面要靠讀者諸君的鞭策；我懇切祈盼有人鞭策，使我還能爲開拓共同的美好人生盡一分心力。

在這個小小空間，除了我較擅長的藝文方面的問題，我也將談談人生的一些感遇，特別是我所接觸的一些人與事。此外，在一個多元化社會中，事物的快速變遷，以及價值的評估，我也將就自己所體會的事談一談；譬如經濟發展中的一個重要環節——科技發展，這幾年來由於工作上的接觸，我也聚積了一些經驗與體會。我將努力使這個小小的空間保持清淨。

我肖雞，所謂「雄雞一聲天下白」，我不是那種「胸羅天下」的雄雞，不過，我要奮力一啼，善盡我「雄雞」的本份。

搬開絆腳石

《點墨小集》之二

科技發展不能徒托空言。由於它關係到經濟的是否眞正起飛？更關係到國家現代化的是否眞正落實，如何正確的推展科學知識與方法，在今天已是刻不容緩的事。

我國自「師夷長技」一百多年來，在科技發展上，始終在一個「用」字上頭打轉，而對科學的精神，方法，乃至知識的傳播，一直視而忽之，沒有把它們融入文化之中。「五四時代」一些有心的學者，試圖將「賽先生」納入「新文化運動」，卻遭受不少阻力。而在這些「先賢」中，也有人誤導科學精神，搞出一個用科學解決人生觀問題的鬧劇。

科技發展的最終目的是要落在一個「用」字上頭，但在發展過程中，必須建立一個觀念，這個「用」是「大用」而非「小用」；如果只爲了「小用」，大可不必制訂什麼計劃方案或執行辦法，國際市場上現成的科技產品多的是，只要有錢，買來就可以派上用場。

而現今卻有不少執掌國家科技發展大權的人，腦子裏或多或少還存著「小用」的觀念，因此，制訂的方案或辦法，近程重於遠程，而對科學精神與方法的提倡，科學知識的傳播，也因爲近程目標高於一切，只能顧及眼前。拿發展基礎科學來說，關心這個問題的人都知道，發展基礎科學的成敗，繫於學校的基礎科學教育，而今這方面卻落得一個「基礎科學學生素質愈來愈差，一年不如一年」的結果。情形怎麼會變得這樣？有人歸咎於學校基礎科學教育設施不足或太陳舊，有人歸咎於師資不足，事實上，最嚴重的原因是，基礎科學學成費時，而且，出路狹小，應用科技卻不管實力如何，出路寬大得多；這豈不是又在一個「用」字頭上打轉？

其次，把搞科學視爲辦洋務，這種人在今天雖已不多，但他們總以爲自己讀通了中國書，深諳中國文化精神，若說科學精神與方法，在中國文化中本已存有，他們勢必痛加責斥。這麼一來，有心人要想爲科技發展在中國文化中找一個依據，用以激發科學研究的風氣，也就增加了一份阻力。中國文化博大精深，但科學絕非雕蟲小技，容忍的精神，在於如何使兩者發揮到極致。

科技的蓬勃發展，將把我們帶往更富足美好的生活境界，但我們必須搬開「小用」或漠視科學精神這兩塊絆腳石。

談「敘事詩」

《點墨小集》之三

敘事詩是詩的體裁之一，與抒情詩並列爲詩的兩大支柱。敘事詩的寫作，有它的客觀條件，那就是所敘述的「事件」應在詩中明白的交代；於是，這便產生了敘事詩的藝術完整性問題。

因爲，詩求文字的精緻與節約，所謂以最少的文字表現最大的意義，若是敘事詩也拿這個標準來衡量，那就頗費周章了。

一般而論，在完成「事件」的明白交代之後，要嚴格的達到藝術的完整性，是十分困難的，所以，個人認爲，我們對敘事詩的要求，似應放寬尺度，尤其在語言的處理上，所謂語言意象化的這一藝術要求，似不宜作爲審視一首敘事詩的先決條件。

就西方文學史來說，敘事詩亦即史詩，乃以歷史與神話爲對象，結合人物與事件，加以表現，其意義一方面是訴諸現實，具有諷世作用，另一方面也爲歷史留下記錄的作用。

在我國文學史上，詩經每多敘事之作，卻並無人物事件特別突出於詩作間，而且詩的含意隱約，若以諷世，卻又不肯定。到了「孔雀東南飛」、「木蘭詩」等作品問世，詩中「事件」與「人物」的成份都加深了，但是如在語言文字的藝術上要求，卻又不如詩經的嚴謹。

這情形說明了敘事詩這一文學類型，在西方是特備一格的，而在我國卻要從詩文學的整體來觀察。

今天，如果拿西方文學的尺度，來觀察我國逐漸演化的詩文學，我們對敘事詩的性質以及創作中發生的問題，似應加以探索。

就敘事詩來說，最重要的應爲「事件」，不論此一事件是歷史的，或現實的，在原則上，事件本身的準確性與涵蓋面，應是一個客觀存在。因此，如何保持敘事詩的創作中的客觀性，乃與詩創作要求語言意象化的主觀性，極易形成對峙，這是敘事詩創作亟需解決的問題。

其次，敘事詩中的人物，不管是一個歷史人物，或一個現實人物，或爲假托而虛構的人物，是怎麼樣在詩中活動的呢？它是主動的抑是被動的，它是繁複的抑或單純的？都關係到敘事詩表現的完整與否，寫作時不能不予深入的探索。

麵包與詩

《點墨小集》之四

麵包與詩，看似互不相關，如果嚴格的推究起來，卻也有它們的相關處。

此處所指的麵包，當然不僅是食品店每天都製售的麵包，而是所有食物與生活條件的通稱。麵包與人的關係，不需要我多說，至於詩與人的關係，我卻要稍加申述。

詩是我國文學的瑰寶，是文化中最早也最高的一項重要表現；發之於情，並爲情感活動的最眞實記錄，這個說法想必是大家能夠接受的。

我國自詩經以降，演變爲當今的新詩，其間的因革興替，在文化史與文學史上，已有詳細的記載，用不著我在這裏覆述。我要說的是，詩在我國，由於一直是一項主要的文學表現形式，更由於它的體小容大，表現領域達及天文地理，人情世俗，物外象內，歷史掌故，乃至人心深處，所以它廣受大家的喜愛。人們讀一首詩，往往心爲之顫，神爲之馳，念爲之啓，意爲之興，情爲之動……或低泣，或悲慟，或欣悅，或激喜，或怒或哀或悲或樂，詩的影響不可謂不大。

但是，這種種感情與心理的反應，畢竟屬於精神領域，對於人的日常生活，所謂食衣住行等等生理的滿足，並沒有直接的關係。有者，也要在食衣住行等等獲得相當程度的滿足後，它才能夠發生作用；而這作用，在於調和與協助人們建立生活的秩序——特別是內外一致的秩序。

詩，對人們的精神生活提供養份，但它絕不是人們的精神生活的支配者。

詩關係到人們的生活，因爲它是一份高貴的精神食糧，人們「吃」了它，生活的內容就會更加的豐富，生活質素也將爲之而純淨，這對我們所處的混亂世間，應該是有助的。

然而，我所見的是，當今的詩（不管它形式如何，性質如何），卻漸漸被冷落起來。在我們今天的社會，物質生活是豐裕的，但人們卻「距詩日遠」。不少人認爲，詩與他們的生活，乃至生命已沒有關係，所謂「精神食糧」之說，怎及得上電光聲色之能給予肉體的快感？

詩的確失去了它在人們心目中的位置，相反的，「麵包」的地位高高在上，這不僅是作爲詩人的悲哀，恐怕更是大家的悲哀吧！

金山夜想

《點墨小集》之五

喝一種橄欖、棗子與杏仁混合發酵而釀成的保加利亞酒，我突生異想：不知醉後身上會不會發出果子或果核的香氣。多少年來，總認爲，與三、五好友夜飲，是此生最大樂事。

而今夜，當好友一一入睡，我心中卻無一絲喜悅之情，在臥室門口，獨對一株矮生的木麻黃，想著人生、朝露與單調的蟲鳴等等。不連貫的意念，似已成爲一種病。

在夜飲前，一夥人曾爲當前社會某些現象，與現代詩壇的沉悶氣氛，交換意見，但不論是慷慨陳詞或低聲喟嘆，在我聽來，總覺於事無補。雖然如此，我對這幾位好友卻常懷敬意。他們對人生的堅持與對藝術的執著，在我接觸的年輕朋友中，幾乎是看不到。

我在這些方面原本懷有熾熱的感情；所謂浪漫的理想主義者，我對一些事物的看法，一直是樂觀的。然而，二年多來，心頭蒙上一抹陰影，倒不是突然地變得悲觀起來，而是在現實中，我發現，所謂的價值或意義，似乎都需要重新衡量。

究竟寫詩的意義是什麼？究竟詩人的位置在那裏？

我的疑惑促使我對自己再作一番檢視，但沒有什麼結果讓我作爲再出發的依據，我似乎已在自己的疑惑中陷落。而我卻曾經一再的自認爲清醒，甚至一再以一個清醒者的身份，發出呼聲：端正自己，端正自己呀！

我發現自己竟是這般虛僞。

因而我又進一步發現，我竟在朋友身上取暖，我竟把朋友相聚視爲一種過癮。我竟是如此不能自立，竟是如此耐不住寂寞。

而寫詩與作爲一個詩人，怎能耐不住寂寞，怎能不自主呢？藉著朋友的影子來壯大自己，這行爲十分可恥！

木麻黃在風中搖曳，給人一種生命體的實質感受。不遠處，金山灣的海潮聲不絕傳來，我移動腳步，向海走近。腕錶上的指針指向深夜，不久便是拂曉，我似乎聽見發自心中的號角聲，這再不是一個有裂痕的錯覺，我的生命也不再是一塊長眠的冰。

是火，就讓它燃燒！

苦茶滋味

《點墨小集》之六

跟老朋友聊天，有時候，聽到的盡是陳年舊事，說不定他已說過五、六遍，但是，我仍愛聽，因爲我覺得，這有「苦茶的滋味」。

苦茶有解渴潤喉、降火消氣之效，老友相聚話當年，雖不免惹來「時不我與」之嘆，但對內心的焦燥，卻有苦茶的藥效。

其實苦茶非藥，只能說是對身心具有某種「藥助」的飲料。我愛喝苦茶，每年盛夏，都會到台北市後火車站附近的一家老字號去喝幾次。那兒還有一種青草茶，微帶田野的清香，喝下一杯，喉舌甜潤，常常會觸動我「思鄉」與「歸田」之情。

我深知自己是一俗人，因此，每當喝罷青草茶，就會拖慢腳步，從太原路折入南京西路，經地下道到南京東路，這麼一直走下去，心裏想著「何日收京」等等，直到南京東路盡頭南松山，彷彿解了心中之「渴」，才又恢復正常。

老朋友當中，不論成家與否，有我同樣心情的，總有不少位。這不僅從他們言談之間可以得知，更可在他們的作品中窺見。有些年輕朋友認爲這種心情表白沒有什麼意義；他們常以爲年長一代的寫作圈內朋友，對此地的認同不足，因此而生「寄身」之嘆，與「飄絮」之訴。這個「認定」絕非惡意，而且，多多少少有它的事實根據。不過，情形雖然如此，年輕朋友卻需予以容忍，因爲，這是人之常情，言爲心聲，發自肺腑；最珍貴的感情渲洩，不能視之如草芥。

我極希望年輕文友能來聽聽年長一代文友談的是什麼，這其間應不乏人生體驗，如飲苦茶，有助身心。當然，現代社會變遷快速，年長一代文友除了說古談往，總也得跟上時代腳步，求其適應。一味沉在舊事裏，便難免落伍，甚至食古不化。

苦茶滋味，要看各人怎麼去「品」，聽年長一代文友說古談往，在於怎麼去體會。如果不把它當一回事，雖曰無妨，卻不能不說是一種小小的損失。話又說回來，現今有些年長一代文友以筆代嘴，常寫些「過去如何如何」、「以前這般那般」的文章，寫得洋洋灑灑，卻多半是個人小事，讀之猶若報告，毫無可資借鑑的地方，那就沒有多大意義了。且這亦非「苦茶」，只不過是白開水而已。

問題的背後

《點墨小集》之七

問題的背後，是或隱或顯的原因；只要問題在，就得找出原因來。忽視問題是最笨的辦事手段，因爲，問題不解決，事情永遠辦不成。

我跟從過兩位上司，在處理問題上，各有手法，因而在他們的事業與前程上，也各有不同的發展。

甲上司是一個常把『有沒有問題』這句話掛在嘴上的人，他每天一到辦公室，總是挨著個兒問我們七個屬員：「有沒有問題？」我們大都搖搖頭，偶而屬員之一說：「報告×長，我有一個問題。」這位上司會顯得很有耐性的聽屬員陳述，然後說：「這問題簡單，我馬上把它解決。」如果屬員陳述的是私人問題，上司就說：「小問題，小問題……」或說：「這不成問題。」至於問題是不是眞的解決，或眞的「不成問題」，這是我們七個屬員從來就無權過問的「問題」。我們是很小的一個事務單位，平時辦些大單位的雜事，所以我跟從這位上司一年三個多月，小問題雖然很多，大問題卻沒有一個，這位上司也因爲沒有大問題發生，很順利的升職加薪，調到一個我不知道會不會發生問題的財務單位去了。

乙上司是我遇到的上司中最難纏的人，他從不問屬下「有沒有問題」，但是，他卻能經常找出一件公務辦不通或辦不好的原因，然後對承辦屬員說：「你看，問題就在這裏。」一旦找出問題，乙上司採取的手段是，先要承辦屬員自謀補救，如果屬員能力不逮，他就會指點迷津，把問題解決。我最初對這位上司頗爲不諒，認爲他太喜歡找碴挑刺，但是半年下來，當我對承辦業務有了更多了解，並且增廣了不少專業知識之後，我才發覺這全是這位上司之賜。我來不及向他道謝，一紙命令調走了這位可敬的上司，我以爲他一定被調往一個可以一展長才的高職位，結果，我得知的是，他被調到一個冷單位，原職原薪，爲什麼如此呢？單位中有人說，他太喜歡發掘問題，挖到了他不該去挖的問題。

有什麼問題不該去挖呢？官場上的事情，我弄不懂的地方太多，所以，我帶著問題，離開了官場。

儘管如此，我總覺得，問題的背後，不管原因是什麼，或隱或顯，我們總得找出它來，把它解決。如果在問題的背後再藏著問題，事情怎麼怎辦得好呢？

夜讀「亞瑪」

《點墨小集》之八

第三次讀庫普林的「亞瑪」，我的感受更爲深刻。庫普林是俄國作家，在十九世紀後期俄國文壇，獲有崇高的地位。他的重要創作包括「守夜」、「決鬥」、「生命的河流」、「沼澤」、「亞瑪」等。

「亞瑪」出版於一九〇九年，這本書揭露了人類的一個共同羞辱——卑污的賣淫制度蝕害了人類的尊嚴。庫普林的作品大多採用第一人稱，帶著自傳式的敘述，格外令人有親切之感。「亞瑪」是一個例外，它借用一位記者的銳敏觀察與洞悉力，寫出了悲慘的妓女生活，書中刻劃娼妓制度的深入，被譽爲是一項歷史性文獻。

這本書也使庫普林贏得「人道主義」作家的榮銜；因爲他在作品中廣義的表現了對人類的關愛與對人類精神信念的不移性。

在庫普林的作品中人的地位與人格的尊嚴被一再強調，他的銳敏的觀察力，不僅使他看到人們外在的種種形象，更看到內在的種種變貌。他忠實的刻劃這些形象與變貌，予以深刻的剖析與批判，希望藉此批判與剖析，人們不僅能鑑照自我，更能經由自我的鑑照，而甦醒過來，走向一條坦途。

這是一個熱望，然而，庫普林不同意極端主義的作法，他之與俄國共產黨的決裂，便是由於俄共黨人採用了極端主義的手段與作法。他認爲，沙皇的暴虐無道與俄共黨人的一切出之於暴力，是一體的兩面；沙皇倒了下去，但倒下去的只是形體，它的暴虐本性卻仍存在，而由俄共黨人承繼下來。所以，在大動亂中。庫普林選擇了自我放逐這條路；他遷居巴黎，希望藉著自己的作品，表達對俄國人民的關懷，表達反抗的意念。

文學中的人道主義精神，一直是暴力論者所駭怕與所攻訐的，那些強調「一切爲工農」的唯物論者，雖然深知文學是可以被運用的，但卻深深恐懼一旦文學被運用爲工具後，會產生相反的結果。這種恐懼，無異是由於文學中人道主義精神所產生的力量。庫普林深知，唯有善用這種力量，俄國人民才能從「新沙皇」的高壓統治下得到解救。如今，庫普林的信念，早已由巴斯特納克、索忍尼辛等偉大作家承繼下來，我們深信，在與暴力的殊死鬥爭中，人道主義精神終必獲勝！